不懂执行，就别说你懂管理

汪园黔 

中国财富出版社

图书在版编目（CIP）数据

不懂执行，就别说你懂管理／汪园黔著．—北京：中国财富出版社，2014.6

ISBN 978－7－5047－5196－6

Ⅰ.①不…　Ⅱ.①汪…　Ⅲ.①企业管理　Ⅳ.①F270

中国版本图书馆 CIP 数据核字（2014）第079199号

策划编辑	丰　虹	**责任印制**	方朋远
责任编辑	丰　虹	**责任校对**	饶莉莉

出版发行	中国财富出版社		
社　　址	北京市丰台区南四环西路188号5区20楼	**邮政编码**	100070
电　　话	010－52227568（发行部）		010－52227588 转307（总编室）
	010－68589540（读者服务部）		010－52227588 转305（质检部）
网　　址	http://www.cfpress.com.cn		
经　　销	新华书店		
印　　刷	北京京都六环印刷厂		
书　　号	ISBN 978－7－5047－5196－6/F·2139		
开　　本	710mm×1000mm　1/16	**版　　次**	2014年6月第1版
印　　张	13.25	**印　　次**	2014年6月第1次印刷
字　　数	165千字	**定　　价**	35.00元

《不懂执行，就别说你懂管理》
特约顾问

谢怀成	何　萍	钟知法	周智闻	卢智安	谭慧达
袁慧心	金慈念	鲍慧净	韩慧尚	赵慧清	黄爱梅
刘兆东	唐衍义	周刚毅	王智度	王慧悦	赵望窗
陈水根	邢素萍	陈修明	江先贵	沈国志	王立国
彭日升	林长喜	彭新元	吴军豹	周洁萍	姜　娜
彭　媛	季诚金	富　欣	李海燕	邹　涛	公凤英
刘　菲	孙　静	蒋丽萍	靳东胜	曲淑文	晋力群
王贵宝	熊　伟	于俊奇	王秀丽	熊　磊	梁明春
邹金秀	邓永红	龚　娟	骆奕伶	陈苏仙	万凤妹

前　言

传递正能量，分享执行智慧

自从“执行”的概念被引入中国大陆之后，执行力、领导力、影响力等相关理念相继被各行各业的企业领导者所普遍了解与接受。他们开始重视自身的工作对执行所起的作用，并注意到员工个人在企业整体执行中发挥的力量。在这种情况下，“领导第一，员工第二”的观点为许多企业所重视，不少领导在关注客户和市场的同时，也格外重视领导个人对员工队伍的影响。但是，企业领导者所忽视的是，他们往往有可能因此走入误区——只要有了忠诚的客户、能干的下属和富于领导能力的自己，就能迅速提高执行效率。然而，事实并非如此。

实际工作中，执行是一个整体系统的行为。仅仅有客户、员工或者领导等单独层面的提升，是无法直接改变执行效率的。因为不论是员工个人的工作能力，还是领导个人的影响能力，抑或客户贡献的价值，如果缺少对执行过程的关注，都将难以产生实际意义。

因此，如果领导者对执行过程没有从整体出发进行管理，即使企业中拥有大量人才、企业外有广阔的市场和忠诚的客户，也并不等于整个执行系统能够高效运转。相反，不少执行系统因为没有得到整体的管理，经常出现负面问题：或者是企业内部执行层级混乱，或者是领导者个人对执行监管不力，或者是下属员工在执行过程中出工不出力，又或者是执行制度虚有其表，执行流程不够明确……

显然，这些林林总总的问题，带给企业的必然是消极的影响，是对工作业绩的负面打击。而想要解决这些问题，必须要从对执行系统进行提高的智慧密码入手，帮助企业整体执行获得提升，激发正能量。

笔者是国内执行系统方面培训专家中的佼佼者，有着多年在多个行业、多家企业中为执行管理进行咨询、培训的丰富经验。因此，本书可以看作笔者对企业执行智慧的深入总结和分享。在书中，笔者将中外企业打造执行能力的智慧案例一一列举分析，并同执行密码的四个方面进行深入结合，用浅显易懂、平易近人的语言，向有志于提升企业执行效率的读者阐述了具体的方法，提供了有效的帮助。

本书主要从以下四方面带给读者执行智慧的启发：

执行密码一——萧规曹随。针对企业执行能力提高中目前最容易出现的“创新过度”“无所适从”“路径混乱”等问题，详细阐述了企业领导者应该在何种程度上尊重企业现实和过去的运营制度，应该发挥哪些企业历史上已经形成的制度效益，并运用其背后规律，包括新领导如何上任、决策怎样以企业本身价值取向作为前提、如何汲取既有的制度优势，等等。

执行密码二——身体力行。领导者想要提高企业整体的执行力，也不能忽视自身执行力的提高。因此，在本部分，笔者向我们揭示了企业管理者应该如何将自身和组织整体执行效率的提高充分结合，包括如何做好企业的带头人、怎样形成上呼下应的良好局面、怎样运用团队的能力，等等。

执行密码三——精益求精。为了达到提高执行效率的目的，企业领导者必须在执行过程中反复工作、仔细比较，直至找到执行最佳点，确保执行结果最好，包括对执行政策的检查、对执行方案的判断、对执行途径的检验、对执行细节的专注，等等。

执行密码四——善始善终。通过本部分内容，笔者向读者描述了如何检验执行是否彻底到位，并予以落实的方法。只有利用好善始善终的执行智慧，才能更加一步到位地排除干扰，从而做到高效执行。

总之，本书抓住了组织系统执行效率提高过程中最重要的四大智慧，以企业组织从高层领导者到中层管理者的实际工作应用为平台，帮助领导者提升企业和团队的执行力、促进组织的整体工作效率提升，提供了良好的知识和经验。笔者希望能够通过书中的方法和工具，真正激发企业领导的正能量，充实他们的智慧，确保他们的工作能够跟上企业执行情况的变化，能够抢占先机、带动全局。

本书凸显了内容上的代表性和步骤化，并强调理论和现实的结合、人性化和科学化的结合，是具有前瞻意识同时又紧密结合企业领导工作实际的管理类参考图书。

作为长期在企业执行力提高理论和实践研究队伍中工作的一员，笔者深知执行力效率高低对企业的重要性，更明白企业领导者所肩负的重任、面对的压力。希望通过本书，为更多企业注入新鲜活力，帮助更多领导者卸去思想上和工作上并不需要面对的压力，从而轻装上路，带着满满正能量，踏上企业前行的康庄大道！

作　者

2014 年元月

目录 | CONTENTS

破译执行关键：《史记·曹相国世家》一书中这样记载："参代何为汉相国，举事无所变更，一遵萧何约束。"意思是说，曹参在萧何死后当上了宰相，但他并没有立刻推翻旧有的制度，而是仍旧实行萧何创立的规章制度。现在多用来比喻按照前任的成规做事，含贬义居多。实际上，古人的理解并不是这样——在新的规章制度没有正式出台前，或者在没有确立比原来更好的制度的前提下，为了保证企业的正常运营和执行的高效，管理者应该忠实地执行原来的制度。事实证明，汉初的休养生息和文景之治的形成都受到"萧规曹随"的影响。因此，这是一条富有高度执行智慧的关键策略，也是一则值得现代领导者学习的执行力佳话。

破译执行关键：《淮南子·氾论训》中说道："圣人以身体之。"而《礼记·中庸》也说："力行近乎仁。"意思是说，在执行过程中，务必要努力实行，亲身体验。古人是聪慧的，他们明白高效的执行力需要各阶层的官员以身作则、身先士卒。毋庸置疑，执行力是管理决策的延续，也是制定决策本身的要求所在。有了决策以后，没有人去执行或执行不力，那么，执行也就失去了应有的意义和价值。

破译执行关键：《论语·学而》一书中说道："《诗》云'如切如磋，如琢如磨'，其斯之谓与？"宋代朱熹又做了这样的批注："言治骨角者，既切之而复磋之；治玉石者，既琢之而复磨之；治之已精，而益求其精也。”古人很清楚，做一件事要想获得最好的效果，就必须精益求精。现代企业又何尝不是呢？每个决策在执行中都会有多个角度、多种方案和多条途径，领导者要做的就是在执行前期、中期、后期，通过仔细比较和甄别，找到执行的最佳结合点，确保执行结果的高效。

破译执行关键：《庄子·大宗师》中说道：“善妖善老，善始善终。”而《史记·陈丞相世家赞》也说道：“以荣名终，称贤相，岂不善始善终哉？”唐代的魏徵形容得更彻底：“善始者实繁，克终者盖寡。”其实这些古训完全可以作为现代领导者评价执行力好坏的一个重要标准。因为检验执行是否彻底，直接关系到先前的决策和制度是否得以落实。唯有善始善终，才能一步到位地高效执行！

执行密码一

萧规曹随

破译执行关键：

《史记·曹相国世家》一书中这样记载："参代何为汉相国，举事无所变更，一遵萧何约束。"意思是说，曹参在萧何死后当上了宰相，但他并没有立刻推翻旧有的制度，而是仍旧实行萧何创立的规章制度。现在多用来比喻按照前任的成规做事，含贬义居多。实际上，古人的理解并不是这样——在新的规章制度没有正式出台前，或者在没有确立比原来更好的制度的前提下，为了保证企业的正常运营和执行的高效，管理者应该忠实地执行原来的制度。事实证明，汉初的休养生息和文景之治的形成都受到"萧规曹随"的影响。因此，这是一条富有高度执行智慧的关键策略，也是一则值得现代领导者学习的执行力佳话。

密码解读

萧规曹随是高效执行的价值取向

一个高效的执行者，在完成他的工作之前，所采取的顺序应该是：准备阶段、执行阶段、总结阶段。可以说，不同的企业、不同的团队，都需要充满主动寻找高价值取向执行过程的领导者，而并非缺乏准备能力和计划精神的员工。而恰恰是因为这样的原因，许多企业的老板都发现，他的下属们——尤其是中层干部——缺少必要的高效价值取向精神，也就因此缺少充分的执行力。

其实，许多企业都在不断地向企业中的领导者和员工灌输执行观念，但这些企业并没有因此就获得一支充满执行精神和高价值执行取向的团队。这种现实问题是可以理解的，不少企业的领导者并不缺乏主动工作精神，更不缺少工作热情，他们缺少的是在接受工作任务以后进行踏实全面准备的能力。这种能力的缺乏，导致在许多环境下，执行工作变成了盲目的主动和“创新”，也就意味着，执行者越是热情，工作效率就越是低下。

下面这则关于执行的寓言可以给我们一定启示：

有位勤劳的伐木工人，他跟随指导自己的师傅工作了数周之后，开始独立工作。他的第一个任务是按照指令去砍伐一百棵树木。接受任务之后，他按照师傅的工作习惯，毫不拖延地投身于工作之中，而且，他每天工作十个小时，比他师傅还要勤奋。然而，随着工作进行，他发现自己砍伐树木的数量不断减少，经过思考，他觉得，一定是自己投入工作的时间还不够长。于是，他除了吃饭和睡觉之外的时间全都用来砍树，这样，他每天工作的时间长达十二个小时。但即便如此，他每天砍树的数量还是没有能上升，反而不断下降，为此，他陷入了深深的疑惑中。

最终，他决定带着这样的疑惑去找自己的师傅。师傅看了看满脸疲惫的他，又看了看他手中的斧头，似乎明白了什么："你是不是每天都用这把斧头来执行任务?"工人认真地说道："是的，没有它我可没办法砍树。"师傅于是接着问道："那你有没有像我那样，每天去将这把斧头打磨锋利?"工人的回答是："我每天都在勤奋地工作啊，连砍树的时间都不够用，怎么会有时间去做这些呢?"

听到这里，师傅明白了，他说："这就是你执行数量每天都在下降的原因。你虽然工作热情很高，但是，你甚至不愿意去进行基本的工具准备，又怎么能提高执行效率呢?"

在企业中，有不少人都和这个伐木工人一样，他们总是忘记在学习前人的时候应该如何进行必要而全面的学习。结果，他们虽然看上去向执行过程投入了大量时间和精力，却大都因为一些小小的准备上的不完善，而最终导致工作目标和方向发生错误，使得工作压力越来越大。这样的领导者，不仅自己无法高效高质地执行好任务，也没有办法带领员工完成执行任务。他们应该知道，在今天激烈的竞争环境下，如果没有走对执行的方向，那么，执行从一开始就注定是失败的。

在企业中，常常会有这样的错误发生：50%的执行过程被改变或打了折扣；30%的执行过程开始是正确的，结果却没有走在正确的道路上；15%的执行则根本都没有开始；只有剩下5%的执行过程是真正完成了工作指令。究其原因，很大一部分在于执行者是不是明白自己应该学会必要的“萧规曹随”。

之所以需要学会正确的“萧规曹随”，其原因也就在于执行者需要打磨好自己手中的“斧头”。此时的“萧规”并非企业前任执行者，或其他成功者个人留下的执行规则，而是真正符合现实需要的规律。

曾经有人说，中国企业界并不缺少策划者、设计者，缺乏的是完美的执行者。这样说并非完全没有道理，即使当以“执行力”、“没有任何借口”之类热词为名的相关管理书籍在市场上大量出现时，也可以发现这样的问题：国内企业界管理所存在的问题，并不仅仅是执行过程中的问题，而是执行方向一开始就产生了方向性的错误，因此那些问题也远远不是执行那么简单，并不是执行所能解决的，更不是一线员工可以解决的。

因此，执行过程只是问题的表象，在执行开始之前是不是能做到遵循正确的规律、利用正确的因素，才是最终决定执行成败的基本点。

之所以这样说，是由执行本身所具备的特点所决定的。

1.“执行”是整个企业组织运行过程中一个运动的过程和状态

执行成功，是组织运行成功的必要条件和过程，但是，执行的成功并不足以决定企业组织运行的成功。一家企业想要获得真正的成功，除了执行，还包括战略规划、总结观察、思考反省等。而正是这些工作，在不同程度上决定了执行过程能不能做到遵循正确的规律、起到正确的效果。因此，如果脱离对现有规律的尊重和遵循，片面地去强调对执行的重视，即使投入了大量热情、时间和精力，最终收获的也很可能只是越来越下降的工作速度和质量。

2. 在“执行”之前，不少企业管理者和领导者很可能连自己都不清楚，在目前企业的运行模式、环境和目标下，究竟什么样的执行才是真正有效、真正能够产生价值的

也就是说，作为真正负责执行的“曹参”，他们不了解“萧何”制定的规则，也看不清楚他们的领导或前任所曾经观察和领悟到的现实矛盾。由于他们脱离了对现实需要的理解和尊重，也就谈不上理解执行的真正方向，这样的执行无疑是失败的。

结合某些企业的现实来看，这些企业的领导者和管理者，经常从他们对工作的主观想法或过往经验出发，规划和制定出工作策略，要求基层员工不折不扣地执行。这样的工作方法并没有顾及企业的实际需要，也没有考虑到企业的发展基础，更谈不上为基层员工着想、考虑他们的感受和思想。最终的结果是，基层执行的创造力和主动力被扼杀的同时，企业应有的执行方向也没有获得尊重和贯彻。

3. 由于企业管理者没有做到正确地“萧规曹随”，而对实际执行过程又缺乏了解

这样，就造成了严重的信息不对称。而基层执行者并没有明确任务的目标本身，但最终却需要承担执行不“得力”的责任。然而，在现代社会多元化思潮和强调个性的大背景下，企业中的基层员工对于脱离实际的任务，也必然或多或少地采取抵抗的姿态。对于他们来说，更愿意按照原有的、现实的工作任务来指导自己的执行，从而在不断的执行过程中，从同一个出发点和层面中逐渐了解执行本身的目标和意义。反之，如果强行脱离实际，按照领导者的要求执行，那么，企业员工很可能被看作机械工具——而他们显然不可能做到这一点。

另外，如果不能充分了解“萧规曹随”的含义，那么，执行的设计规划者、企业的组织领导者、决策者、管理者，以及负责执行本身过程的基层员工，相互之间的理解和沟通会从各自的现有利益出发，这样，他们的协作就会大打折扣。更为危险的是，整个企业的执行过程都会和内外部的客观生产运营环境相互脱离，结果，那些原本看起来貌似正确的任务规划，往往在执行过程中走样。

4. 片面地强调执行，只是关注于表面结果，而没有关注执行背后应有的规律

结果像案例中的那位徒弟一样，由此导致的执行过程缺乏应有的弹性和韧性。即使这样的执行团队看起来能够较为快速地执行任务，但实际上，由于没有在执行过程中建立起应有的规律性，组织一旦遇到问题，就会因为对内部规律的忽视而产生问题甚至集体溃败。

例如，国内不少行业中的企业原本发展很好，但其发展速度过快，在很短时间内就会出现问题，逐渐走向过分成熟乃至于老化。出现这种现象很大一部分原因就在于过于看重执行本身，注重执行短期内的结果，想要最快时间内将所有能收获的成功都收获完，甚至想要直接通过短期执行成为行业中的领军人物，将行业利益独享。但是，这些企业偏偏没有看重执行应该遵循的“萧规”，因此，在激烈的竞争下，这些看起来貌似强大的企业，往往都相当脆弱，即使表面上引以为傲的执行，也缺乏可以坚持持久的地方，更难以成为企业的闪光点。

这些关于执行本质特点的现象和研究，证明了国内企业领导者所缺乏的不是对执行的重视，而是对执行科学、系统、规律性的认识，这样的认识并非简单通过某种管理技术就能获取的。想要将执行问题的本质研究透彻，想要获得高效高质的执行，我们必须返回到执行的

治标和治本的问题——治标，就是单纯地就事论事地管理执行；**治本，就是做好对执行规律的把握，并在砍倒树木之前做好执行领导者的价值取向，以便获得长期的高效执行。**

提升秘密 1

新官上任不一定要“另起炉灶”

无论是国有企业还是民营企业，也无论是具体哪个行业或者投资背景，在企业发展过程中，对于许多负责管理执行的领导者来说，他们迟早都会面临企业管理职位易主、新老交替的问题。而且，在现代企业发展、市场变化和社会节奏等多种因素的相互推动下，企业管理者的更替节奏变得更加频繁，因此，对执行效果产生的影响也就更大。

对于企业中刚刚走马上任的管理者而言，在选择执行价值方向上，首先应该考虑的是怎样对待你的“前任”，怎样有选择性地吸收前任留下的管理财富，同时摒弃其中的不足。如果不能很好地处理两者之间的关系并形成有效平衡，那么，不仅你和前任领导之间很可能因为你的“三把火”烧得太旺而无缘无故伤了工作上的情感，更严重的是，还可能让企业的执行过程全盘皆输。

实际上，新任管理者如何看待前任的执行方向是很重要的，这样的态度产生的影响，不仅仅是不同领导者之间的事情，更会影响到新任管理者用怎样的工作声誉、工作形象和工作地位去领导执行过程，并关系到其下属执行的方式和效果，影响整个企业的持续经营状态和发展速度。

新任管理者在开始工作之后，经常面临两种情况：一种是前任领导者是否在其领导执行的过程中创立了个人较高的威信、对员工产生了深远的影响，或者是对企业贡献了较大的业绩；另一种是前任领导者在领导执行的过程中曾经犯下部分错误，对企业的工作执行有过一定的负面影响，对下属的执行过程的引导和管理也不够到位。

无论你的前任管理者是其中哪一种，**作为新官，你都应该既不能盲目跟随前任去领导执行，也不能盲目推翻前任已经营造的执行风格。**

具体来说，在对待前任的态度上，新任既不能完全照搬照套，因为那样显然不利于企业执行过程中的创新和突破；同样，更不应该在执行过程中处处为了创新而创新，这样很可能导致执行推进过快而失去应有的稳妥；当然，执行的领导者更不能为了所谓的稳妥，片面追求不偏不倚，强调中庸。

在上述三种态度中，中国企业的管理者更容易产生的倾向是“为创新而创新”。他们很容易为了显示出作为新任者的能力、态度，而强行要求企业中的团队和员工在执行中完全改弦更张。也正因为如此，他们有必要懂得：新官上任，不一定必须另起炉灶。

想要真正明白这个道理，不妨看看世界知名企业可口可乐在一次新官上任之后，由于盲目更新，而导致的执行方向上的失败。这次失败被看做可口可乐公司最“典型”的失败，也成了世界上不同行业企业的借鉴案例。

1984 年，可口可乐公司的高层们发现，公司丢掉了 1% 的市场份额，而这一年度，百事可乐却增长了将近 1.5% 的市场占有率。从表面上看，可口可乐公司已经尽可能地使用了竞争方法，包括大量的有效广告，积极的市场营销，向经销商让利出售，大范围的全球分销策略等。但是，这些执行过程中的步骤却没有一样能够阻止公司产品下滑的趋势，更谈不上阻止竞争对手在市场份额占据中的持续攀升。

到了1984年圣诞节，可口可乐公司高层同意在公司百年诞辰即将到来时，改变产品的配方。1985年4月，可口可乐公司将新产品命名为“COKE”，同时还宣布，传统的可口可乐品牌将会永久性从市场中退出。

做出这样巨大的改变，实际上来自可口可乐公司的首席执行官罗伯特·郭思达。郭思达出生于古巴，是化学工程师，也是这家公司第一位担任首席执行官的外籍人士。为了打破前任们留下的产品规划和执行方式，郭思达想要在公司百年诞辰时改变饮料的配方。当然，他知道，擅自对这个全世界保密级别最高的产品配方进行变动是非常冒险的。

不仅如此，可口可乐的产品配方甚至在某种程度上就是这家企业的文化根源。

这一年，可口可乐公司的老板罗伯特·伍德罗夫已经95岁，虽然他的身体状况每况愈下，但大脑还在思考着公司的发展方向。罗伯特·伍德罗夫比可口可乐的品牌年龄只小4岁，正是他的努力，才让可口可乐公司得以风靡全球，并受到数以亿万计的消费者的喜爱。作为公司的领袖，他已经带领可口可乐公司发展长达60多年，即使在企业的市场占有率下降期间，公司的重大决策都依然由他来做出。

为了说服罗伯特·伍德罗夫这样的老板，郭思达将公司的产品统计数据、百分比等全部列出，并重点分析公司在市场份额占有方面的增长率，同时，还汇报了消费者“盲测”的口感评价结果。可以说，郭思达的意图已经很明确，他希望改弦更张。

为此，郭思达反复强调，在市场上，百事可乐的口味显然比可口可乐更加符合目前大多数消费者的品位。尽管这样的品位并不显著，但是它的确存在着。可口可乐公司广告投入再多、分销系统建设得再好，也一定不能阻挡百事可乐的进攻，除非改变可口可乐产品的口味。

看到这样的说法好像打动了老板，郭思达进一步介绍说，公司的药剂师专门推出一款新配方，而“盲测”的结果说明，这个配方大大超过了百事可乐和原来的可口可乐。因此，他建议企业能够推出新品牌。

最终，郭思达获得了打破“萧规曹随”的机会。在新产品问世前一个月，罗伯特·伍德罗夫去世了。

1985年4月19日，新产品正式推出。在发布会上，郭思达面对的首先是记者并不友好的提问，当他描绘产品的特点时，他有点口吃地解释说：“它更爽滑，哦，不，是更圆润，哦，更大胆……呃，是一种更和谐的口味。”当面对记者怀疑的态度时，郭思达则坚称，新产品一定会成功。

在消息传播开的第一周内，情况似乎相当顺利。1.5亿人使用了新产品，而且大多数评论都是保持肯定态度，瓶装经销商的需求也上升到5年的最高点。但在一周之后，每天上千个指责的电话打进公司，成百上千的信件向公司飞来，所有人都在表达一个主题——可口可乐公司对产品的改变背叛了他们。

人们认为，可口可乐代表着美国文化，改变可口可乐，就像强行改变美国的传统。因此，即使新的可乐产品一直在不断宣传，还是掩盖不了这样的改变过程带给原先忠实的可口可乐消费者的震惊。这时候，郭思达才似乎意识到了一件事情，自己所领导的执行过程中无论怎样的口味测试都忘记了一点：没有人执行过调查，去考虑更换品牌配方的老口味带给消费者怎样的心理影响。

最终，郭思达和他的执行团队将这次事件当成一个商业教训，他们最终屈服并决定改变——可口可乐换回了老配方。7月，可口可乐公司郑重地宣布，恢复原始配方，而且这是“美国历史上最具有意义的时刻”之一。从雇员到媒体再到公众，大家都满意地松了口气。

在这次失败的执行中，可口可乐公司因为新的首席执行官拒绝“萧规曹随”，而花了整整400万美元来研究开发新产品。为此，技术人员运用繁多的数据、大量的口味测试和仔细论证研究的策略来执行具体工作，却没有发现可口可乐品牌创始人当年的执行过程，已经在非同寻常的程度上影响了市场。结果，这种新官上任就另起炉灶的做法，完全没有起到他们设想的作用。

想要做到成功高效地领导执行，作为企业的新领导人，需要明白最基本的常识：一个企业、一个团队的执行过程，绝不可能是领导者一个人上演的独角戏。恰恰相反，整个执行的领导过程，需要有团队的协作与支持，更需要和企业、团队之前的执行保持应有的连贯性。只有做到这两点，才能尽快取得下属的信任，得到整个企业的支持，获取市场和客户的理解，并迅速度过新官上任的适应阶段。

想要获得好的效果，作为新任领导者，有必要做好下面的工作。

1. 在开始执行规划之前，懂得适当赞扬前任，并懂得如何抬高自己在下属面前的形象

新任领导者对于前任领导者的工作业绩或问题，都不要信口做出评价，不应该动辄将自己所认为的问题指出来，让人感觉你在批判前任，或者是将你所面临的执行问题和压力全部推卸到前任的工作中，更不要让人误解你是在抱怨自己对执行的领导工作是在帮前任收拾烂摊子。

其实，世界上不可能有完美的人，任何领导者都有他们自己的优点和缺点、成绩和错误。作为新任领导者，一定要学会看到前任执行过程中所作出的成绩，并进行公开的肯定和赞扬。这样的态度，不仅能够帮助前任获得“面子”，同时也能促使前任帮助你攻克问题、作出指导意见、渡过难关。当然，对前任的赞扬，需要有真实的依据。例如，明确前任对公司执行体系的打造、执行效果的塑造等做出的具体贡献，可以给周围人真实的感受，而不会认为你是在虚伪表达。

事实上，新任领导者抬高自身和赞扬前任并不矛盾。需要明白的是，前任对执行的领导过程中，不同程度都会留下其影响，而如果给予他充分的尊重、足够的理解，并在领导方法和风格上表现出应有的接受，那么，你的新下属、新员工自然会成为你的支持者和追随者。这样，对新团队执行的领导过程也会做到“青出于蓝而胜于蓝”，能够在原有的基础上更上一层楼。

2. 要懂得继承前任的执行方针，做到与时俱进

通常而言，无论是企业内的同事，还是你的下属，都会习惯性地将新任者和前任者进行全面充分的对比。这种对比主要是希望新任的

执行领导者能够发扬前任长处，避免前任短处。这就需要新任领导者能够避免急功近利的短期行为，在执行的规划上放眼长远，尤其在上任伊始，更应该避免提出不切实际的执行目标，因为那样更容易失去下属信任，并导致自身威望的降低。

总体来说，新任者要继承和发扬前任的执行长处和优点，并根据企业或者团队实际面临的情况而做出必要和适当的改革与创新。

3. 懂得对前任感恩，并为后来者做出示范

无论你是从外部派遣来接班的“空降部队”，还是从团队内部推荐的接班者，都应该学会对你的前任表现出感恩。这是因为前任的执行工作，为你的工作提供了必要的基础，并能够直接帮助你进步。

当然，作为新任的领导者，在执行规划的过程中，也应该具备长远眼光。这是因为前任就是后任者的示范，其执行过程能够对未来的接班者起到潜移默化的作用。因此，及时地示范表率而不是刻意彰显个性，同样也是新任者拒绝完全“另起炉灶”的原因。

提升秘密 2

一切决策以企业的价值取向为前提

企业的价值取向具有企业自身的特殊性，这种特殊性既来自于企业本身所在的行业、产品，也来自于企业中不同时代管理者在领导执行过程中留下的传统。其中，企业的制度安排、战略选择、企业家的

价值观理念、企业在不同发展阶段中的境遇等，都会对企业价值取向形成塑造作用。而当一家企业有了自身的价值取向之后，也会反过来影响企业领导者做出的具体决策。

可以说，企业执行文化的核心，就是企业的价值取向。从作用上来看，正是**对企业传统价值取向的尊重，才能够规范企业中管理者的决策行为，并提供充分的价值理念。**

价值取向，是企业执行文化的核心，也是企业组织在执行中应该坚持的基本思想和信念。具体来说，企业的价值取向集中表现在一个企业不同决策过程都应该遵循的最高经营宗旨。这种宗旨并非企业目前领导者、经营者心血来潮的冲动，而是企业在长期发展过程中，从创立者到不同时代经营者所形成的共同的经营理念、经营哲学。其中包含的战略目标、行动方针、管理经验等，都是由于这些经营者、管理者所具备的领导地位、形成的业绩和产生的影响力，而最终被企业的整体员工所接受。

这也就意味着，并非企业中所产生过的价值观念，就必然会形成被企业员工认可的“最终”价值取向，这是因为你的前任所提倡的价值观念，只有被企业集体共同认可后，才能成为企业的价值取向。而在这样的基础上制定现有的执行决策，才能确保企业的领导者和员工在执行层面上，产生真正的双向交流沟通，确保企业的管理者和员工形成工作目标上的充分共识，达成执行工作中感情的交融、行动上的充分协调。这种基于共同价值取向形成的决策，能够为企业带来强大的凝聚力和源源不断的亲和力，是提高企业执行力的重要手段。

相反，如果领导者不能从企业现有的执行传统中总结出企业应有的价值取向，那么，对企业或团队执行过程的管理就会不断肤浅化，从而导致企业的执行难以获得良性发展和充分回报。

对前任所形成的价值取向全面吸收和坚持，并用以支持和指导决策，是企业组织的领导者正确的“萧规曹随”的起步点。在这方面，惠普公司是一个优秀的范例。

惠普公司的共同创始人之一威廉·休利特曾经说过这样一段话：“回顾这辈子的辛勤工作，让我感到最自豪的，是能够协助创设这样一家公司：它以价值观、执行的方法和成就而对世界各国不同企业的管理方式产生深远的影响。而让我尤其自豪的是，这家公司能够永续经营，即使在我百年以后，也可以长久作为典范而运行。”

其实，惠普之所以能形成自己的执行文化和决策体系，是因为惠普不同层面、不同时代的领导者在决策的过程中非常重视对企业价值取向的尊重。

1937年，惠普公司由威廉·休利特和戴维·帕卡德在美国加利福尼亚州的帕罗阿尔托成立。在公司创立之后，逐渐形成了“利用进步的组织工作，运作、创新和具有企业精神的文化，打造出连续不断并能够产生技术贡献的产品”的价值取向。为此，帕卡德专门写下这样的句子：“我们将主要通过设计、开发并且制造最完美的电子设备来促进科学的进步、人类的福利，我们决心为这个任务献身。”此后，惠普公司又在企业组织的发展中形成下面的价值取向：公司必须取得赢利性的成长；必须通过技术来做出贡献并获取利润；必须对员工的个人价值予以承认，并允许他们和公司一起分享成就；公司必须为整个社会负责并从事经营。

正因为惠普公司在发展过程中，绝大多数执行的领导者在决策时都尊重这样的价值取向，当创始人退休之后，这家公司依然能够保持发展的活力、执行的效果。

与此同时，当在华尔街不可一世的得州仪器公司的创始人帕特·哈格第退休之后，由于继任者重视利润的获取而忽视价值取向的建设，差点陷入公司毁灭的噩梦中。

企业作为一个组织，其执行的过程也就是不断发展的过程，而想要通过执行来获得不断发展，需要的是身为决策者的领导者能够对企业价值取向的长期坚持。从这个角度来看，领导者能否秉承企业的价值取向，将决定企业本身的性质、未来发展的目标、经营的方式和具体做出的选择。很多情况下，企业的价值取向可能并没有形成特别的文字，也有可能并非完全有意而形成。但无论如何，作为企业的新领导者，必须在执行开始之前，就善于观察、总结、推动和保护企业已经形成的价值取向。如果缺乏对价值取向的敏感度，则很容易导致决策方向上的失败。这是因为，对于不少企业组织来说，其具体的生存发展，实际上和价值取向的维系能力密切相关，更和企业上下是否对价值取向有充分共同的认可紧密相关。

同样，在企业的执行发展战略规划中，决策的地位也相当重要，而对于一个新任的领导者来说，其个人的领导能力高低是否可以充分展现，以及企业和团队执行结果的成败，同其决策方向也有很大关系。

从现代意义来看，关于执行的决策本身具有多元化目标的综合性质。因此，领导者应该清楚，决策并不是单方向的，而是有着主次的区分和联系的立体系统。作为企业的新任领导者，应该学会从各个不同层面来对执行的决策目标进行全方位综合考虑，如从执行的战略到战术层面、从宏观到微观层面、从全局到局部层面、从外部到内部层面、从企业组织自身到社会影响层面，等等。这样，其对执行的决策目标的价值取向才能做到科学、完整与合理。

1. 企业的执行领导者应该从分析决策价值取向的组成入手

第一，价值取向包含多方面的利益需要。对于领导者来说，关于执行的决策，应该既要注重工作周期所能负责的短期利益，又要看到从前任交给你并将传接给后任的长期利益。这样，才能做到企业经济增长和长远发展的相互结合，促进企业执行过程中自身价值最大化、利润最大化。

第二，应该关注的是企业的用户、客户或者消费者的利益。可以说，企业执行的过程，也就是向社会输出价值和利益的过程，在这一过程中，企业领导者应该努力秉持对顾客需求的满足，提供能够表现企业执行能力和特色的产品和服务，并不断通过执行来提高产品和服务的美誉度。

第三，应关注企业员工的利益。执行决策的方向规划，应该包括对员工薪资收入、福利奖金和社会形象等待遇的提高，并能够按照前任工作中形成的趋势，持续不断地改善员工的工作和生活条件。通过这样的决策，既可表现出价值的取向，又可增强员工的归属感，从而确保员工的能力和热情得到增长，并在执行过程中得到充分发挥。

最应该重视，同时却又经常被忽视的，是企业执行过程中应该坚持的社会价值取向。在企业执行的同时，还应该认真履行来自法律、社会等不同层面的义务。其中包括促进所在行业的发展，保障社区的稳定，参与公共事业、教育事业、劳动就业、环境保护等活动，从而做出企业自身的贡献。这样的价值取向，也应该作为企业在形成决策时的长期依据，并将之融入企业文化以形成必要的传统。

2. 企业执行的领导者应当将价值取向树立为企业执行规范的内在约束

在领导者对执行进行规划和决策的过程中，应该强调确保所有员工的执行行为都遵守企业既有的价值取向。而其中最主要的准则，就是要求下属能够很好地遵守、贯彻企业的工作制度安排，并体现出企业的经营战略。这样，员工队伍的执行过程才会通过价值取向在决策上的表现，形成自我的内在约束，而只有当组织领导者通过日复一日的“萧规曹随”，不断将企业中前辈所提倡形成的价值取向渗透进自己的决策工作中，员工才能在价值思想上真正明白自己应该做什么、不应该做什么，进而形成内在约束。

例如，某些公司由于长期决策方向的确立，形成了执行过程中严格的约束，这些公司的员工对于大到一个项目、小到办公纸张，都能在执行中表现出严格控制避免浪费的好习惯。这样的共同价值取向约束需要依靠企业的领导者在自身决策过程中的长期坚持。

3. 领导者还应该意识到，正确而稳定的价值取向也是企业活力的发源

企业的活力最根本的来源并非企业的领导者，而是企业的基层员工，当基层员工的积极性被调动起来之后，企业才能充满活力。但是，员工的积极性是否能够被充分调动，来自于他们的价值取向是否能被正确支配和引导。

为此，企业管理者应该多坚持发现企业文化中那些优秀的价值理念，例如，“利益共享、风险同担”等，因为这些价值理念很容易跨越企业领导者的任期，成为企业员工整体共同认可的价值取向。这样的价值取向，能够获得员工持续的拥护、客户稳定的忠诚，并能够在

决策过程中，产生对员工积极、主动和创造精神的激活力量，促使员工和领导在执行的方式上产生充分共识，形成和谐、信任、高效的执行整体，并产生充分的竞争力。

提升秘密 3

汲取前任领导制定的制度优势

前任是如何对企业和团队进行管理的？不少新任的领导者并没有真正考虑过这样的问题。其实，不论采取怎样的工作方法，前任都会在不同程度上对企业或团队的制度建设有所重视，而作为新任领导，想要提升执行力，首先应该继续落实原有的制度，发挥原有制度的优势。

制定制度，是为了落实并提高执行力。然而，从两者关系的相互影响力来看，如果领导者自身没有打造出强有力的执行力，那么，再好的制度也只是纸上谈兵而已，无法将前任所打造的制度优势保持下来。因此，企业的领导者不仅要善于自己推进制度建设，更要有真正的勇气、智慧和决心，将前任制定好的制度进行严格的执行，将其制度优势发挥到最大，只有这样，制度才能产生应有的功效。

几乎每个新任的公司领导者都希望企业原来的制度能够得到有效而不折不扣的落实执行。为此，他们可能做了大量工作，但结果却经常事与愿违。事实上，不仅是新推出的规章制度有可能成为一纸空文，即使是那些前任留下来的制度，也经常会被束之高阁，执行落空、执行难以推进、执行效果不明确、执行被扭曲、执行没有到位等，成为领导者必须面对的“普遍现象”，并成为很多企业的通病。

因此，无论你接替的是怎样的前任，都应该向企业员工和团队下属强调，必须保证前任的合理制度继续正常运营——包括企业自身原有的规章制度，小到每个人原有的《员工手册》——即使这些并非你推进的，但作为制度，它们绝不应该成为办公室的摆设。与之相反，你应该要求员工对之严格遵守，没有员工的严格遵守和执行，前任留下的制度就会形同虚设。

不少企业的规章制度之所以很多，往往缘于每一任领导者在推进执行的过程中，都希望用自己的一套制度完全取代前任的制度。为了推进自己的制度，新任领导者的工作态度不可谓不严格，制度的内容不可谓不实际，制度的角度不可谓不细致，但是，由于没有注意到企业的执行是项系统的工程、企业的制度是个延续的过程，这些“原创”的制度即使被经常挂在嘴上、写在纸上、钉在墙上，但却无法走进员工的心里，更无法落实到他们的执行过程中。

作为领导者，应该反思的是，为什么明明制定了新制度，进行了新的推行工作，但员工却总是不配合。单纯地责怪员工缺乏自觉性等，对于领导来说并没有意义，如果能够认真观察，你就会发现，你并没有将自己对制度的制定、落实、贯彻同前任的工作延续下来，这样，员工的以“运动式”的心态来面对割裂的企业制度文化。很难想象，在这样的主客观环境下，企业的执行能够从制度文化中获得怎样的优势，相较之下也就不难理解行动上始终无法得到推进的问题了。

这样的问题，在中国企业的发展历史上不乏先例，有的还造成过惨痛的损失：

1990年10月，FL集团创立。当时，这家小公司的注册资金只有75万元，而创立的第二年，就实现了利润400万元以上。1992年，该企业集团实现利润6000万元。1993年、1994年两年的时间里，这家公司的利润更是达到了当时惊人的两个亿。

该集团的主要产品是依靠“减肥茶”起家，而作为一家毫无背景的民营企业，其资本积累的速度，更不亚于后来成为民族企业代表的海尔。从市场营销方面来看，他们的地毯式广告营销产生的轰炸效应，为其带来了强大的品牌效益，其影响在当时也不亚于其他竞争对手。

然而，1995年，这家原本发展得红红火火的企业，遇上了保健品市场整体的下滑。这样正常的行业低谷到来，居然让FL集团就此一蹶不振。究竟什么原因导致了其失败？

原因当然是多方面的，而该集团总裁自己也对其中原因作出过深刻的反省。后来，在他的一篇反思文章中，他对集团执行失败的原因从决策、管理、市场、人才等诸多方面进行了深度剖析。其中他提到的重大失误就是企业对管理规章落实地不够细致、不够实在。具体而言，集团发展的六年过程中，每个部门、每一任领导者，都制定了大量的规章制度、纪律条款，表面来看，整个公司的制度已经相当完整。但是，每当更换了领导者以后，这些制度大部分都没有得到严密而具体的执行，更没有落实到具体的责任人，因此，导致了即使曾经制定过制度却无法依靠制度执行的局面。

在中国企业中，并不缺少那些制定制度的战略家，而是缺少真正能够将前任的制度优势进行精益求精总结的领导者。同样，许多企业并不缺少已经制定完好的规章制度，而是缺少新任领导者对前任的规章制度的执行。

的确，在领导团队有效执行之前，新任领导者应该看到自己对既有制度的执行。再好的制度，如果不能执行，就是一纸空文。反之，想要对企业的执行效果做出改变，首先要做的就是尊重既有的制度文化。

在改革开放初期，东北有一家大型国有企业，因为经营状况不佳而濒临破产。随后，这家企业被日本的一家财团所收购。听说日方将要负责企业的管理，整个企业从上到下都在翘首期待日方会带来怎样的先进管理方法。而出人意料的是，日方只是将财务、管理和技术等重要部门的高级管理领导换成了本国人。

更让人没想到的是，这些走马上任的日本人并没有对任何情况作出改变，如他们没有要求改变制度，没有要求改变岗位职责和具体负责的员工，更没有改变企业里的机器设备。唯一做的，是严格作出要求：先前制定的制度，一定要真正坚定不移地执行下去！

结果，不到一年，企业扭亏为盈。原来，尊重既有的制度文化，发挥前任的制度优势，对制度进行无条件的执行，就是他们成功的绝招。

没有规矩，不成方圆，只有站在前任所推进的制度优势上，现任领导者才能真正保证企业团队的执行力提高。

1. 对前任工作中制定和推行的制度进行分类总结

想要真正对前任的制度优势做到总结和完善，现任领导者至少应该做好以下三方面工作。

第一，对保证企业有效经营的制度进行总结完善，其中包括前任所制定的企业组织制度、财务制度、操作制度、安全制度、质量标准、工作标准、服务标准、工作流程等。

第二，对企业内激励方面的制度进行总结完善，其中包括薪酬制度、奖励制度、优秀员工的评选制度、科技成果的评选制度、突出贡献的奖励制度等。

第三，对企业内规范员工行为方面的制度进行总结完善，其中包括员工奖惩制度、岗位责任制考核制度、责任追究制度、团队奖惩制度等。

想要真正对前任的制度优势进行总结、了解和运用，新任领导者所应该做的就是利用上述制度的分类标准，对企业现有的所有制度进行分类观察和统计总结。通过这样的工作，作为新任领导，你将能够对现有的制度有充分了解，同时能够明确在下一步工作中，如何对那些空白方面的制度进行弥补，而对已有制度进行执行。

2. 新任领导者应该对于前任留下的制度能够产生哪些优势有清楚全面的了解

通常来说，前任的制度优势越是发挥充分，越能够帮助从领导者到团队执行力的提高。

这样的帮助表现在以下三个方面。

第一，利用好前任领导者留下的制度优势，能够更好地规范团队执行力的标准。通过规范化的制度，完善整体的策略规划。这样，团队内员工就必须按照制度，继续进行其工作行为，而不能按照各自对工作的理解来执行任务。这样，前任领导者的制度就能够继续发挥作用，从而帮助你调动现有的企业员工的工作状态。

第二，前任领导者留下的制度优势，可以帮助现任领导者统一员工个人和组织的执行力。这样，既不会因为对某个员工个人提出的执行力要求，而忽视了组织中已经存在的制度优势，同时，也不会因为强调对组织制度的建设和推进，而违背了员工对原先制度优势的适应。

第三，通过对前任领导者留下的制度优势进行合理利用，能够用已有的制度建立对员工个人执行力充分激励的机制。这样的激励机制由于和员工在团队中工作的历史共同推进和建设，能够让员工更加适应，其中包括薪酬体系的建立、考核体制的建立、奖惩制度的建立、压力制度的建立等。

3. 在利用前任的制度优势的过程中，现任领导者既要看到已有的制度、合理的执行能够带来整个团队执行力的提高，又要注重实际操作

在实际的操作中，现任领导者还应该注意下面的问题：

第一，防止对前任制度理解和执行的不严谨，从而导致朝令夕改。要知道，制度的产生缘于前任对企业管理的需要。然而，现任领导者在看待前任制度时，由于缺乏深入实际的调研，只是单纯凭借主观的感受进行理解，这样，很容易导致对企业之前的制度进行肤浅的了解，只是从表面上满足了现任领导者的需要，而根本无法有效推行。更严重的问题是，这种理解上的不深入，还可能导致现任的管理方式和之前的制度产生矛盾，影响企业的健康有序发展。

第二，防止对前任制度执行上的不严格。前任的制度即使有优势，但现任管理者是否能够利用其优势取得应有的效果，还要具体看对制度的执行是否到位合理，而这关系到整个团队执行力的影响高低。但

现实是，对前任制度的执行过程中，现任管理者并没有很好地按照既有的制度办事，导致原先的制度被朝令夕改，并影响到管理的效率。

总之，企业团队制度的建设、执行，应该是在点滴的积累中坚持下来的。组织的领导者如果想要让团队拥有强大的执行力，应该在行动上尊重前任的制度，这样，才能从根本上做到尊重执行。

提升秘密 4

生产成本，你浪费不起

正确的“萧规曹随”，包含着新任企业领导者对执行文化的正确打造，也意味着对前任执行意识的继承和发扬。在这样的过程中，成本意识是不容忽视的。

什么是企业领导者的成本意识？成本意识就是小到一位员工，大到整个企业在生产、经营过程中对不同的生产材料控制和节约的执行态度，通过保持这样的意识，能够让企业的执行达到最小化的损耗，并获得最大化利润的结果。

这样的思想意识之所以需要继承和发扬，是因为企业执行的利润往往是在产品价值最大化的情况下才能够产生，而与此同时，产品的价值最大化又是执行过程中通过对制造产品的材料消耗进行有效控制得以实现的。

因此，从这个角度来看，如果企业领导者能够对每个员工、每个团队都进行有效影响，做到对生产过程中不同环节材料的使用进行充分控制、对执行效率进行全面提高，才能做到对企业生产成本的充分控制，并保持从前任到现任领导者对企业生产成本的一贯重视，避免企业生产成本的浪费。

但问题是，让大量企业领导者感到较大压力的是，对企业和团队的领导，很难做到坚持对执行成本的控制。尤其是每当他们接替前任负责领导执行工作之后，浪费材料、生产成本不同环节的损耗加大等现象开始不断发生。而更多的企业领导者则没有重视这样的问题，他们习惯于让团队自行管理成本，习惯于自己的粗放工作方式，而没有秉承前任包括企业创业者有可能已经打造出的自觉的节约意识，最终导致了团队执行过程中的浪费现象加大。

某家医疗机械的生产企业，生产产品有一道工序，主要是将一个不锈钢钢棒截成三段，然后再进行后续加工。在前任领导者的管理下，这道工序预留的长度是1厘米左右，这样，即使加工出现了问题还可以进行重新加工。但更换了主管之后，他发现这道工序出现的错误率有所上升，于是在没有充分考虑其他问题的前提下，他召开会议，要求加长到2厘米。通过这样的方法，加工成功率从95%提高到了98%，但实际上，这意味着98%的钢棒必须要再多一道工序，即将多出来的2厘米截断。这样浪费的材料和工时，远远超过了预期的成本增长，并导致了生产设备的使用率降低。

不少企业管理者下达的工作指令，并没有考虑到对前任工作指令的改变会造成怎样的影响，这种工作态度，直接导致生产过程中出现了对成本的浪费。

不仅仅在生产过程中，一些企业在管理细节问题上做出的不合理变更，也经常会造成成本的浪费。比如，在产品包装过程中，材料使用的数量过多，而那些没有用完的材料即使剩余下来也无法进行退料，导致长期闲置、报废而最终造成的成本浪费。

某企业的车间，生产流程中需要用到800个零部件，但是，由于该车间仓库中的零部件包装为每包500个，同时没有零散的零部件。因此，原来的车间主任要求员工在执行过程中首先将每包零部件拆成小包装再对生产线进行供应。但新任的车间主任认为，这样的分拆造成时间上的延长，决定对该部分工序进行更改，直接给生产线提供两包完整的零件，并将多余的200个零部件放在下一次流程中使用。但实际执行过程中，多余的200个零部件经常发生遗失、损坏的情况。这样造成的浪费远远大于原先工作时间的延长。

上述这些事例，足以让企业的领导者引以为戒，并对自身的工作思想、工作行为高度重视——对自己的前任所重视的成本控制手段做出进一步的坚持，而对他们所没有运用的成本控制方法进行更多的挖掘和使用。

不妨看看那些已经在世界范围内取得成功的知名企业，是如何发扬对执行过程中成本意识的重视的。

日立公司对成本的节约精神从企业创立开始就形成，并经过每一任企业管理者的发扬而闻名于世。这种节约精神，成为该公司三大支柱之一，并产生了巨大的经济效益。

在日立的工厂中，没有冷气设备和电扇，这已经是企业节约成本的传统。这是因为工厂的厂房高达30米，并且坐落在海边，从创设开始就被认为不需要这些设备；同时，厂房中所有不用的照明设备都必须熄灭，而午休时，那些留在办公室中的员工也必须要关灯休息或聊天。

不仅是在工厂中，在日立公司的总部，这样的节约传统也已经通过历任管理者的坚决执行而深入到员工的行为习惯中。如当客户们已经在办公室内坐定之后，员工才会去开灯。

除了日立公司之外，丰田公司也有着节约的传统。

丰田公司在每次会议筹备的时候，其组织者和召开者都会仔细计算会议每一分钟所能创造的利润是多少，最后再根据会议的花费，计算出会议每分钟的成本，最后根据利润和成本的比例，争取让会议成本产生最大收益。

丰田公司的后勤部门，细致到去观察公司里所有卫生间的抽水马桶，并得出了成本结论——抽水马桶导致了用水的浪费。为了节约此方面的成本，公司采用了最简单的方法，即在每个抽水马桶的储水柜中放入三块砖头，而这样的方法自从“发明”开始，从未有过管理者加以更改。

不仅是日本企业，美国企业的代表——沃尔玛超市也同样注意节约成本。

在中国的沃尔玛超市中，许多店虽然为员工准备了纯净水，但不可能准备一次性纸杯；员工的洗手间里面没有卷纸、香皂，有的只是洗手液甚至洗衣粉。而在其他方面的节约成本意识，更是深入人心。

通过和这些企业的充分对比，我们可以发现，新任领导者在对团队执行进行领导时，经常会犯以下错误。

第一，只关注销售活动的成本。大多数企业的新任管理人员，常常忽视前任管理者对成本的控制范围，而只是对直接产生利润的销售活动进行成本关注和控制，其他方面，如基础设施建设、技术研究开发、客户服务、企业行政办公等多方面的活动成本，却经常被新任管理者所忽视。

第二，只关注直接、规模大的企业活动成本。新任管理者由于刚刚接手工作，对那些规模大、关系企业发展的活动更为重视，而同样对其成本也予以重视。但那些看起来占据总成本比例较小的工作活动，却没有得到新任管理者的充分重视。相比较而言，由于前任的工作时间较长、较为深入，对那些间接、规模小的企业活动也有足够的控制，比如，对维修损耗、常规性费（费用）成本等，前任的重视程度都较新任更高。

第三，没有联系到企业形象的维护。新任管理者在降低成本的过程时，有可能忽视了企业良好形象的营造，虽然新任管理者的某些降低成本的方法，很可能比前任管理者在更大程度上提高直接的成本使用效率。但是，可能在企业执行的战略工作上并不需要如此。事实上，新任管理者应该学会观察前任是怎样选择重点范围和方法去降低成本的，继而选择侧重于那些对企业形象和名誉没有影响的执行活动来降低成本。

下面是提供给新任管理者学习和深化成本控制的方法。

1. 需要强化成本意识

无论是新任管理者，还是现任管理者，对执行管理的目标，都应是充分实现利润的最大化。而利润最大化的形成，取决于两个方面：收入的最大化、成本的最小化。因此，企业的领导者应该确保利润不断提高，并实现执行的目标，在工作中做到充分精确计算，保持从前任领导工作中保留下来的成本管理方法，并努力降低成本。

拥有良好的成本意识，是指企业管理者在工作中应该做到精打细算，对成本管理的工作高度重视，将之视为执行领导工作的良好基础。通过维护、健全各项已有的成本管理制度，运用和总结前任留下的有效的成本控制方法，以帮助自己和整个企业的团队牢固树立成本意识。另外，除了企业管理者自己应该具有强烈的执行成本意识之外，还应该表现为对整个企业团队全体员工的促进。例如，将成本意识贯穿于团队执行决策、日常管理的全过程中，从员工的招聘、培训、管理、激励，再到绩效评估和不同费用的使用，都需要保持严格的成本计算控制，并从不同环节入手，保持原有的成本管理意识。

2. 管理者需要保留前任关于降低成本的途径，并在此基础上进一步挖掘团队降低成本的潜力

但是，现任管理者要看到，发掘企业员工降低成本的潜力，需要在前任的基础上继续投入大量的工作时间和工作精力。这就意味着当你接手企业管理之后，应该注意下面的问题：

第一，做好企业团队整顿，加强控制。无论产品或者服务具体到哪个部门或者环节上，企业的管理者都应该强调对不同的成本进行控制。当然，如果你只是企业内部某部门的主管，无法对产品或服务其他方面的成本进行控制，就应该结合对前任工作职责的接手，想方设

法降低本部门的工作环节中的成本，并为此做到执行前做好预测计算，执行中做到严格控制，执行后做好科学总结。

第二，做好企业的纪律严肃工作，避免出现成本浪费的漏洞。当前，企业成本费用偏高之所以相当普遍，其中很大原因在于新任管理者和前任管理者在纪律严肃工作上面的不一致。由于存在这样的漏洞，因此，企业内违反成本纪律的行为层出不穷。例如，利用新任管理者对产品特点的不熟悉，对产品削价处理；利用新任管理者对公司薪酬奖励制度的不熟悉，部门内部设立不同名目来滥发补贴、物资；利用新任管理者对公司培训、调查等工作的不熟悉，以培训调查为名义，进行公费旅游等。上述这些行为大大增加了企业运营的成本，而为了防止出于员工个人或者团队小集体利益带来的成本浪费，企业管理者必须要做到保持纪律执行的前后一致性，做到有法必依、违法必究和执法必严，这样，才能有效防止前后任工作交接中纪律漏洞的出现，并有效降低成本。

第三，合理安排，进行高效运作。企业新任管理者在接手进行日常管理过程的开始阶段，就应该对企业的人力、物力和财力进行合理的安排，而并非发现成本很高后才意识到应该对成本进行控制。例如，新任管理者要避免在某项工作上人员设置的重复、减少产品或者原料保管不善的情况等，并在一开始进行管理时就应该贯彻这些措施，以便从源头上降低成本。

3. 对前任管理的“萧规曹随”，还应该重点表现在新任管理者对合适的生产规模的选择上

一些新任管理者为了表现自己的工作热情和能力，又或者有着尽快实现战略变化的工作愿望，从上任开始，就对生产规模进行迅速扩

大。但是，这样的扩大，并不一定真正建立在市场需求扩大的现实基础上，而这种大干一番的想法，导致了成本的浪费。因此，新任管理者的正确做法，应该是立足前任所留下的现有资源，来决定适当的生产规模。

提升秘密 5

营造团结一致、和谐共事的氛围

企业的执行成功，有着大量的主客观因素。但作为企业的新任管理者，最应该重视的还是在自己上任伊始，就应该加强企业中团结一致、和谐共事的工作氛围。无论是组织还是团队，都需要做到紧密团结、和谐工作，才能实现企业的执行目标。因此，当你成为企业的管理者之后，首先应该注意增强组织或者团队内的凝聚力，打造良好的工作氛围，利用不同的手段来达成协调部门、成员合作的领导目的。

新任领导者应该意识到，这样的工作对执行力的提高，有着极重要的意义。这是因为企业内部不同部门的和谐合作，能够使每个团队的力量都得到**最大限度的发挥**，并充分发挥团队中人才的不同作用。

企业要想在市场的竞争中立于优势地位，就需要有一批乐于工作、勇于迎接压力和挑战的优秀人才。为了鼓励员工成为这样的人才，企业内部必须要保持良好和谐的工作环境，保证员工健康、快速成长。这就需要新任管理者注意培养员工的协作精神，确保他们在稳定的工作环境中工作，并通过这样的工作氛围，了解到他们在整个工作团队中的价值和意义。这样，员工才会做到对自身才能、性格的不断调整和发挥，以便适应企业整体执行的需要，并做到和其他同事进行充分交流、相互支持和稳定配合，从而确保自身和团队、组织都能够在最好的工作气氛中运转。

想要营造健康、积极、向上的工作氛围，企业的新任管理者一定要意识到工作氛围来自于企业的组织风气和文化。唯有形成正确的风气和文化，才能促使企业所有员工做到和谐协作、紧密团结。

与此同时，虽然企业管理者应该将下属打造成为整体协作的团队或组织，但是，为了保证这样的整体协作能够产生更高的执行效率，还应该实施正确的激励机制来培养团队中能力较高的员工，从而促使他们发展协同工作的能力，使他们在合作的加强、知识的共享、合作的激励氛围中，既做到对员工个人有利的发展，也做到对组织和团队的有力促进。

在推进企业内部团结、和谐的工作氛围方面，联邦快递公司（中国区）是一家典型的成功企业。

联邦快递公司无论在哪一任领导者的管理下，都重视主管和员工、员工和员工之间的沟通、交流和互动，通过这样的工作，才能够让公司的正确文化氛围得到建立和落实。也正是因为这样的执行准备，联邦快递被著名的《财富》杂志评选为全世界最受尊敬的十大公司之一。对此，联邦快递中国区的一位高管说道："一家公司之所以能够成功，并被人们所欣赏，确实有其自身的理由，而对于联邦快递公司来说，沟通机制在其中起到了重要的作用。"

在联邦快递，无论是资深的管理者，还是新任的管理者，都需要花很多精力同整个团队员工进行沟通，从而确保企业中的部门、团队能够拥有良好的团结意识和工作氛围。不少高管将自己工作的大部分时间花在沟通中。这些高管之所以如此重视沟通，就是为了和自己的下属进行更多接触、更多对话和更多了解。这样，才能了解下属们不同的工作困难，并对他们宣传工作理念，或者仅仅是在基层员工直接工作的场所和他们交流。

以该公司的副总裁陈嘉良的工作内容为例，他几乎每个月都要到自己所管理的不同地区和部门，同不同团队的经理、员工进行沟通和交流。此外，每个季度，他会和自己下属的不同部门的所有经理召开电话会议，而每年不同部门的经理也会被召集到一起进行实际的会议等，确保了企业管理者之间顺畅的沟通。

当然，想要通过沟通来确保企业组织的团结，就不能仅仅是从上到下的沟通，同时也应该做到从下到上的沟通。因此，为了确保员工之间、员工和管理者之间能够产生良好的合作关系和工作氛围，联邦快递公司专门设定了一项管理方法 Survey Feedback Action，即“调研和反馈行动”。无论公司更换了哪个岗位上的管理者，每年公司都会保持这样的管理传统，即进行一次由员工对公司、对管理者的调研反馈。具体是由员工通过问卷来评估其直接的经理管理者，并为他们打分，在分数确定之后，再由具体的经理人和员工交谈，分析问题是否存在、问题究竟在哪里。当问题被明确之后，即进行具体的行动来改善整个组织或者团队的工作环境。

正是由于每一任领导者都坚持这样的沟通机制，对组织和团队的工作建立起全方位透明而顺畅的工作环境，才确保整个联邦快递公司形成了团结、紧密的整体，并不断攀登事业成功的高峰。

通过观察联邦快递公司管理者对组织执行所营造的团结协作氛围，我们能够明白这样的管理内涵——通过不同方法，促进组织内部的平衡，是维持和提升组织团结的重要手段。

作为一名新任的企业管理者，在成为组织或者团队新的核心人物之前，必须在领导和处理不同工作事务之时，保持充分的公平。例如，秉持公平的态度，去调节企业组织和团队中的利益分配，在分配处理不同的工作任务时，要做到一视同仁。这样，才能顺应团队的发展形势，获得新旧员工的认可，并充分利用前任的工作成绩。

1. 企业新任管理者要做到保持平衡原则

所谓平衡原则，是指当你上任之后，在处理和团队下级的关系过程中，应该做到让自己和下级处于平等位置。为此，管理者应该平等待人、平等处理工作事务，将平等作为自己和员工相处的基本出发点。在管理者和员工之间，不应该因为工作岗位的不同而出现所谓的尊卑高下。同样，员工和员工之间，也应该做到应有的平等。

具体来说，平等关系包括以下几个方面：

第一，经济地位的平等。即企业中不同员工、不同管理者都是通过不同形式进行工作的，不应该允许任何员工以任何形式获得不应获得的经济利益，或者无偿占有其他员工的工作利益。另外，管理者虽然拥有一定权力，也同样不能利用这样的工作职权去将组织利益变成自己的利益。

第二，政治地位的平等。在企业组织中，不同部门、不同团队、不同员工为组织所作出的具体贡献可能是不同的，但他们都应该同样享有企业中一分子的基本义务和权利。为此，管理者应该重视企业内不同员工是否获得应有权利的平等，并防止企业组织内出现特权思想和行为，坚持营造整个组织内部的平等。

第三，人格和情感上的平等。正因为企业内部不同员工之间、员工和上司之间在经济地位、政治地位上应该是平等的，双方在人格和情感上也应该平等。即使是新任管理者迫切想打造自己的权威，但还是应该尊重好下属的人格和情感。尤其当下属工作中出现一些错误时，新任管理者应当控制好自身情绪，更不应该伤害他们的自尊心和情感。

2. 做好组织内部平衡的方法

作为企业新任的管理者，只有做到让整个组织平衡，才能保证绝大多数下属对自己产生应有的信赖。这就需要你运用好不同方法，确保组织内部的平衡。

例如，企业管理者在接手工作之后，并不一定需要用强制的态度来让下属表示服从。相反，身为新任管理者，你需要有敏锐的头脑和清晰的判断力，调解组织内下属原本存在的纠纷，并在合理程度上扶助那些在前任管理下较为弱势的员工。

又如，在对待企业组织内员工的关系上，你应该做到一视同仁，不能分出远近亲疏，也不能因为客观或者主观印象，表现出冷热不同。事实上，不少新任主管原本并没有对下属厚此薄彼的想法，但是在实际工作开始之后，难免表现出更加愿意接触那些和自己有共同语言、脾气相近的下属，这样，无形中就可能造成对前任管理者工作格局的打破，导致冷落了其他下级，并造成事实上的不公平。针对这样的问题，组织管理者应该适当增加同自己差别较大的员工的沟通，尤其是那些可能在之前的工作中和自己产生过矛盾的下属，更需要经常沟通交流，防止产生误会。

3. 企业管理者要做到公平合理

作为新任管理者，不应该带着偏见去看待自己的下属，也不要对他们采取不同的评价标准。

当然，对于那些在前任管理中工作出色的下属，你应该进行表扬，并予以重用，但除此之外，你应该将他们和其他员工一视同仁。反之，如果你从一开始进行管理时，就将团队内“特殊人物”的光环授予他们，又如何要求其他员工？

因此，新任管理者在领导执行之前，一定要先给所有下属营造出公平合理的印象，确保他们知道，在你的管理之下，所有员工都是平等的，获得提升的机会也是平等的。这样，整个组织和团队才会因此发奋努力，并消融相互之间的不良矛盾，产生更加良好和谐的合作关系。

提升秘密 6

明确目标，为执行添动力

在管理者对企业组织执行力的建设过程方面，有专家曾经做过这样一个调查，询问企业的员工最需要领导者为他们做什么，75%以上的员工的回答是：希望管理者能够指明执行的目标或者方向。当这样的调查将对象改为企业管理者之后，询问他们最想要企业成员在执行中做到什么，更多的管理者回答：希望自己的下属能够朝向目标不断迈进。

从这样的调查结果中，我们可以看到目标在组织执行力打造中的重要性。

当新任管理者成为组织的核心人物之后，他们的当务之急是**为工作团队指出新的目标，并积极地延续、实现前任的目标**。对于一个组织或者团队来说，没有目标，就像缺乏航向的船只，只能在无边无际的市场中到处漂流，而无法到达任何港口，最终，在这样的漂流中只留下了大量的批评指责、讨论谈话和敷衍搪塞。在企业组织的执行力提高过程中，最需要的是一个坚定而明确，同时确实有可能达成的执行目标，一个能够表现团队努力方向的执行目标，一个在执行过程中达成以后的确能够改善组织现状的目标。这样，作为一个新任管理者，在企业组织执行力提高过程中的首要任务，也就是为自己的下属指出具体、明确而有一定挑战性的目标。

这样的目标之所以要有挑战性，是因为一个能够带有一定困难和压力的目标，能够让组织比起普通状态——例如，目标不明确，或者太容易实现的团队——具有更高的执行效率。一般而言，组织成员在执行过程中一旦完成了管理者带给他们的具有挑战的目标，将会感到很有成就，而组织成员为了获得这样的成就感以及背后的物质利益，会更加积极地提高自己的执行效率，并带来整个团队工作的高效。

同时，具有一定困难但通过努力能够达成的执行目标，还能够帮助新任管理者提高和激发组织成员工作的激情。当新任管理者接替前任管理者作为组织领导者之后，组织成员需要一个适应新任管理者的领导风格的过程，以明确自己的执行方向。但这样的适应过程很容易造成组织成员失去原本可能具备的工作热情，而变成等待和观望，为此，新任管理者的职责应该是激励企业组织或团队向明确的目标努力，并为他们制订出具体的分步骤目标，并提供相应的工作计划。由于这样的目标具有足够的现实意义去调动员工执行，并发挥出他们的工作技能、技巧，从而实现工作目标。最重要的是，通过这样的方法能够帮助员工恢复和提高工作热情。而作为一名成熟的企业管理者，更应该明白用这样的技巧去尽快让员工度过适应期，获得应有的工作激情。

在高尔文成为摩托罗拉公司的新任管理者之后，所做的第一件事情就是设计出不同的具有一定困难的执行目标，督促下属去通过执行来完成一些看似难以达到的工作目标。

当时，正是20世纪40年代末，摩托罗拉公司刚刚打算进入电视机市场。高尔文上任之初，马上就为企业电视机部门制定了一个具有相当压力的执行目标：在第一个销售年度，应以单价179.95美元的价格，在市场上销售出10万台电视机，并保证企业从中获得利润。

一位市场部的经理抱怨道："我们不可能卖出去这么多的电视机产品，因为这样的销售额，意味着我们需要在整个行业内的排名必须上升到前三名，但是，我们企业历史上最好的排名才第七八名。"

另一位产品工程师说道："目前，从技术上而言，我们甚至都没有办法确保生产制造每台电视机的成本在200美元以下，在这种情况下，售价定在179.95美元的标准上，如何让企业保证获取利润呢？"

对于这些问题，高尔文没有回答，他说："我们企业一定要实现10万台的销售量。同时，在你们能够拿出具体报表，说明你们用这样的价格、卖出这样的数量，获得应有的利润之前，我不想再去看你们提供的那些成本报表。我们需要努力做到的是实现目标，而不是讨论不可能做到的原因。"

之后，高尔文根据企业不同部门反馈提出的信息，制定了一系列的严格奖惩措施，这些结合了目标的措施，让员工们为了实现具体的销售目标而在各自部门和岗位上进行刻苦钻研、努力工作，研发部门想方设法降低了电视机产品的生产成本，而市场部门则在企业新制定的销售制度指导下，由全体员工在业务执行上投入了更多的工作精力。一年之后，摩托罗拉公司真的完成了高尔文之前制定的执行目标，并在整个电视机市场的销售排名榜中上升到第四位。此后，整个公司在高尔文的领导下不断发展，成为了电子产品领域的优秀企业。

企业的执行目标对于企业的员工而言，是他们工作和奋斗的目标。但在实际工作中，不少新任管理者虽然事先制定了战略目标、年度目标、企业运营目标、财务目标，并通过不同层次地分派目标来予以实现。但是，目标却总是难以企及，而即使确实实现了目标，这些新任管理者和其下属也难以总结出经验确保下一次的成功。

那么，如何制定出能够确保执行成功的目标呢？

1. 新任管理者不要设置那些看起来模糊而繁多的目标

过多的目标，很容易让你的新下属不清楚目标究竟是什么。当他们面对诸多目标时，常常感到无所适从，而不知道究竟应该做哪方面的工作。反之，那些注重打造执行力的新任管理者会采取充分的措施，确保执行目标的实现。他们会在设定新目标时，注重保持实事求是的态度，并注重目标的明确和具体。这样的衡量方法应该是观察你的下属员工是否能够真正地清楚、理解、表达和执行你所制定的工作目标。这些目标应该是结合不同员工的具体工作确定的，其完成过程是可以看到的，而其完成的结果应该是能够感知的。

2. 新任管理者不仅应该帮助下属明确目标，更应该明确目标完成的优先顺序

为了能够提高企业组织的整体执行力，只有设定好目标的优先顺序，才能向企业的员工指明企业的具体发展方向，并使其中每个人都明白自身的工作目标并逐一实现。

3. 新任管理者应该懂得将目标变得明确和细化

下面的方法可以帮助你做到这一点：

第一，将战略目标思维中的想法变成具体的现实。这是因为新任管理者大都具有在思想中尚未完全成型的战略目标，但这样的目标无论设定得是否合理，也很难被有效执行。新任管理者要做到的是将战略目标明确化，提高其可描述度，通过准确地表述，让战略目标从思想走向现实，这样，才能让组织中的不同部门、不同员工清楚地了解整个企业的战略目标，并真正深刻理解，形成执行的合力。

第二，制定具体的战略目标。不少新任管理者为了让自己的战略目标看上去更加宏伟，制定的战略目标较为抽象。这样的目标虽然能让组织中的员工产生一定理想，但却难以令员工知道自己应该究竟如何去做。因此，战略目标的制定，需要从抽象走向实际，让抽象目标变得能够感知，能够让员工看见。例如，通过有效的数字、性质来描述和表达具体目标，效果会比抽象的目标要好得多。

提升秘密

7

必要时的制度革新

需要明确的是，今天在企业中新任管理者对前任的“萧规曹随”，早已经不是对前任管理者领导执行工作方法的完全照搬和模仿，而是全面吸取其原本的优势，获取其在领导工作过程中形成的经验方法，以获得良好的基础起点。然后在此基础上，新任管理者还应该对组织的现状进行更好的观察总结，从而发现哪些方面还需要进行改变和革新。这些改变革新，往往首先出现在企业的制度方面。

虽然对前任的工作应该表现出充分的尊重，并利用其工作成果的价值。但新任管理者也应该意识到，几乎每一项对执行管理的制度都存在弊端。这种弊端首先并不表现在制度本身的内容上，而是表现在制度产生的惯性作用上。按照惯性做事，其危险性在于，对制度中包含的工作流程、工作惯例，员工很容易产生依赖感。这样，在执行过程中，凡是按照既有的惯例、程序的执行内容、方法，都被认为是合理而准确的，而即使员工有能力做出正确的判断，也往往会因为和制度的不同，不能提出异议。因为，在员工看来对制度提出异议，也就是对管理者的权威提出挑战。

基于此，作为新任管理者的你，应**自觉帮助员工去除制度可能产生的枷锁，时常反思现行制度中需要革新的地方，去除其中的弊端，**

并通过这样的方式，大大释放整个组织团队的执行潜力。

所谓企业制度的革新，就是指随着企业面临的执行任务变化、执行环境改变和执行能力的提高，在企业管理者的领导下，要不断对企业制度进行必要的变革。这种变革被称为企业制度的再造。

企业制度革新，对于企业来说是非常重要的。这是因为企业组织本身是由不同的生产要素组合而成的，企业对于不同生产要素的组合，实际上就是依靠企业制度的运作而组合。因此，企业制度对于企业而言，其意义相当重要。当企业制度进行革新时，意味着对企业原本的生产、经营、分配等方式和理念重新进行规范化的设计和安排，这种制度上的革新，实际上就是将执行的思维、技术和组织等要素的创新活动，进行重新制度化和规范化，这样，就能对企业的思维、技术和组织方面的执行起到引导的效果。可以说，制度的创新，是对执行进行管理创新的根本基础。

在实际层面来看，企业的制度革新的目的是建立更加优良的执行制度安排，从而调整在执行过程中企业不同方面，包括所有者、经营者和基层执行者的权益分配关系，使得企业的执行能够具有更高的活动效率。

下面是一家普通企业的新任管理者就企业薪酬制度所进行的变革。

众所周知，不少企业都采用一定程度的固定薪酬制度对员工进行管理，但是，随着企业的发展，当前任离开之后，新任管理者必须学会重新对薪酬制度进行审视并进行变革，从而促进员工的工作热情，提升执行的动力，使企业获得更好的执行空间。

A公司是一家成立近十年的装潢设计公司，主要业务是面向不同的商务客户，包括商场、酒店和房产商等，提供相对较大项目的服务，对服务的质量定位也较高。企业所有者的目标是在十年之后，取得全国同行业排名前十位的业绩。

2008年，这家公司业务获得了长足增长，但是，到年底管理者却发现，本年度企业的利润只有11%，而且这个数字还是在没有给员工支付应有的提成和奖金的情况下。

这样的现实让企业所有者们感到很吃惊，他们认为，目前的薪酬制度并没有很好地对企业的执行起到充分的激励作用，导致员工在“变懒”。恰逢这年年底，原来的公司总经理离职，而新任的总经理很快就发现了问题的症结所在，提出要对薪酬制度进行全面革新。

通过分析，新任总经理发现，该公司业务饱和、利润却较低的原因包括：第一，企业预算工作没有做到位；第二，对执行的过程没有做出充分合理的成本控制；第三，虽然对项目工作的执行较多，但却没有注意对回款的执行。这些都暴露出了企业财务管理缺乏、职责划分不明确等执行的问题。

解决这样的问题，需要对薪酬制度进行革新。新任总经理意识到，薪酬制度必须站在企业组织职责划分的基础上，不同职能的岗位，所适用的薪酬设计方案应有所不同。同样，薪酬中的提成部分，又和不同工作岗位的绩效考核有着紧密关系。因此，必须要在正确分析岗位的基础上，设计一个同时具备内部公平和外部竞争力的薪酬分配制度。

一般情况下，设计这样的薪酬制度，应该按照下面的思路和步骤进行：①对人力资源管理进行初步诊断，然后对公司薪酬管理战略进行明确；②根据薪酬管理展露的实际内容，确定薪酬制度的结构和比例；③根据有效的市场调查、企业的支付能力来确定制度中不同岗位的薪酬水平，并确定薪酬中提成和绩效挂钩的比例、方式；④对员工进行宣传、沟通工作。

但是，当新任总经理进一步思考公司情况时发现，该公司在前任的领导下就是同行业中名列前茅的企业。在这样的战略目标下，公司在人力资源战略方面主要是为了对外能够吸引到更加优秀的人才，对内则能够将有经验的员工保留下来并通过薪酬制度的改革进行充分激励，以推行正确的薪酬制度，并帮助公司实现既定的战略规划。这样，薪酬制度就必须体现出一定的倾斜思路，而倾斜的重点应该体现在对于产品设计师的岗位上。

根据上述情况，结合市场的整体水平，该公司总经理从下面的方向制定了薪酬制度：

——设计师的固定薪酬方面。固定薪酬体现出设计员工岗位对于公司具备怎样的相对价值，而固定薪酬不仅和员工的工作表现有着直接关系，同时也是员工在工作之后生活质量的重要保证。在前任的管理下，该公司将设计员工的底薪从平均5000元左右调整到3000元，这样很容易直接影响员工目前的生活状态，并影响他们在执行中的工作态度。因此，新任总经理决定根据设计员工在执行中表现出的综合素质、专业背景、工作经验、设计水平等，制定出设计员工的序列制度，包括首席设计、资深设计、高级设计、设计、设计助理等，并以这样的序列基础，设计出固定薪酬的制度。

——设计员工的提成。新任总经理认为，想要提高执行效率，应该将设计员工的提成看作制度的关键。经过讨论，他决定将设计团队区分为销售工作设计师和专业工作设计师，并以设计的项目作为单位，每个项目由一位销售设计师和另一位专业设计师组成。其中，销售设计师主要负责工作项目执行过程中的洽谈、回款等，同时也参与项目设计的过程，而专业设计师则负责项目本身的设计执行过程。根据这样的执行分工，前者主要适用低底薪和高提成的薪酬方式，而后者则适用高底薪和低提成的方式。这样的提成制度，能够帮助销售设计师积极签单、回款，而专业设计师则能够安心地保证设计任务工作。

——设计员工的绩效目标。由于采用项目运作的方式，薪酬制度中，设计员工的绩效目标选择用项目进度作为考核点，并采取了动态即时考核的方式，代替前任的静态考核方式。这样的薪酬绩效制度能够从设计的工作进程、质量上进行有效控制，并进一步保证项目整体的利润实现。

——薪酬制度的总结。在完成上面的工作步骤之后，新任总经理对新的薪酬制度运作中产生的总成本进了充分测算，并分析了成本和利润的比例。这种总结的目标，是寻求通过薪酬制度的合理运作产生企业执行利润的大幅度上升。

——培训和沟通。通过对员工进行的集中培训和沟通，将薪酬设计的理念和优势予以充分讲解，确保员工能够理解和接受制度的变化。而在具体实施的过程中，新任总经理也要求下属能够根据实际情况，对制度进行灵活调整，并发挥薪酬的杠杆作用。

最终，通过这样的方法，该企业通过对薪酬制度的改革，有效提高了组织执行力，并最终提高了当年度的利润回报。

对薪酬制度的变革意识，考验着企业新任管理者对执行的管理能力，同时，也是另一个层面的执行力的竞争。面对制度的变革需求，企业的管理者应该在战略层面上进行有效的工作，从而付出最小的变革代价，获得最高的执行效率。掌握正确的变革制度方法，对于企业领导者来说至关重要。

1. 应该掌握一套可行的变革制度的原则

通常来说，掌握可行的变革制度的原则，在领导执行的过程中就会畅通无阻。这套原则包括下面几个特点：

第一，明确性。明确，就是用具体的语言表示出制度中应该达成的标准。明确的标准，是成功制度的特点。不少企业的制度之所以不成功，是因为制度反映出的目标太模糊，或者没有体现出其中应有的目标。

第二，可测性。可测性要求，制度中做出的要求应该具体明确，有利于企业对制度产生的效果进行衡量计算。

第三，可实现性。这样的要求，意味着对制度的革新，还应该保证制度指向适当目标，同时，在对制度进行革新时，也不会产生无法克服的困难。

第四，相关性。制度体现在实际工作中，意味着在组织执行过程中，关系到员工是否执行好工作，否则，制度的效果将会严重缺失。

第五，竞争性。只有具备压力才有应有的动力。而竞争也同样是提升执行力的动力之一。因此，制度应该能够激发起员工的竞争热情，从而做到激活员工的潜力，提升执行效果。

2. 对制度进行变革时，应该运用一些关键方法

第一，做好员工的沟通工作。通过准确沟通，进行群策群力的讨论，才能够在执行之前，制定出最适合战略规划发展的制度。这样，

才能产生最适合的制度，并通过从上到下的合力，使得企业的执行效果更好。

第二，做好员工的协调工作。利用制度的革新，能够帮助新任管理者充分协调、调动和运用企业内部的资源。同时，在制度革新之前，也应该先对组织内部的意见进行协调，并从上到下进行不同方向的协调工作，以达到事半功倍的执行提升效果。

第三，做好对制度革新的反馈工作。制度革新效果的好坏，要通过必要的反馈来验证。最终反馈的制度变革效果，应该用具体、细致的调查数据来展示。这样，企业的新任领导者才能够从调查数据形成的曲线中，了解到制度变革的走势和效果，从而有效地趋利避害。

3. 企业管理者应当树立制度高于一切的意识

一项制度的革新是否能够产生效果，关键在于企业的管理者是否能够做到有效地身体力行，是否能够用自己职位的权力去对新制度进行有效保护，而并非将制度看成单纯的领导工作工具。否则，再好的新制度最终也无法发挥应有的效果。

提升秘密 8

整理思维的碎片，评估和转变价值取向

当新任管理者接手企业组织的执行管理之后，一方面需要进行正确的“萧规曹随”，另一方面应该意识到：企业执行的价值取向，并不是一成不变的，反之，这种价值取向必须随着内外环境的变化、发展而进行评估，并逐渐完善。

之所以需要对价值取向进行评估，是因为当企业执行价值取向形成时，具体反映了前任管理者和当时其下属的共同执行动机、执行愿景，并随之建立了相关的执行制度、制度程序，为企业的执行发展提供了重要的行为方式。但问题是，基于这种价值取向基础上的执行，是以前任工作时的条件为前提的。当新任管理者开始工作时，原有的企业执行价值取向随着企业的发展、条件的有可能和主客观形势的发展不相适应。这时候，就需要企业的执行领导者在对企业历史、传统和现状的充分尊重基础上，对原有的价值取向进行积极思考，整理出对现有执行价值取向思维的碎片，并探讨新的价值取向方向。这样，就能够在原有的基础上重新选择和明确执行的具体价值取向，重新打造企业的执行文化。

当然，**对价值取向的改变，很可能面临着来自不同方面的强大阻力，而想要抵抗并消除这样的阻力，必须要合理利用好新任管理者的权力，同时还要具备应有的个人魅力**。这是因为，执行价值取向的变化，通常情况下都是先在组织的上层形成的，通过逐步地传递，对组织员工原来的价值信念进行改变。同时，企业价值取向的改变，尤其是执行价值取向的改变，需要领导者调动企业内部的所有资源进行配合。例如，企业内部的各个部门之间，存在着相互的密切关系，如果对其中某个部门或者某个工作流程进行价值取向上的改变，并不能影响到企业的整体执行效果。为了取得应有的效果，必须要做到针对企业的全局进行整体的改变，而这种针对价值取向进行的全局变革，绝大多数源于企业的最高管理层。同时，在价值取向的变革、创新上，关键的过程，也只有在新任管理者的直接领导下，才能够得到充分地实施。

由于价值取向的更新并不容易，往往需要很长时间。因此，如果想要尽量避免遇到太多困难，就应在充分评估的基础上，逐步改变和完善。

不妨看看下面这家服务型企业的价值观是如何评估和转变的。

B公司是一家快递公司，经过20年的发展，从最先的默默无闻，逐渐发展到目前国内民营企业的领头羊地位。

在前任领导者对执行领导过程中，形成了以“诚信、正直、责任、服务、团队”为核心的价值取向。但当新任领导者开始负责工作之后，他采取了座谈、问卷、调查等方式，对企业执行的价值取向进行了多个侧面的评估。评估结果显示，这样的价值取向更多要求的是企业组织的员工应该做什么。而随着公司发展到现有阶段，应该采取新的价值取向，从而更好地符合公司将来执行发展的战略需要。

之所以做出这样的评估选择，并非意味着之前公司执行的价值观存在问题。事实上，新任管理者承认，通过具体的评估，之前的执行价值取向为公司的发展、品牌的建设、声望的形成都产生了重要的引导作用。但新的价值取向应该在围绕之前价值取向的前提之下，进行必要的转变，做出提炼、升级。

最终，该公司新的执行价值取向转变为“尊重、团结、认真、风险”，更加侧重于对组织成员进行“怎样做”的指导，而不仅仅是之前的“做什么”。通过这样的转变，我们可以看到，公司在新的执行价值取向影响下，更加注意对执行进行人性化管理的转变，而这也同样体现了一个企业如何做到与时俱进、如何不满足于现状并对执行进行改变的强大生命力。

可以说，执行的价值取向，是企业执行力建设的出发点。在这样的选择过程中，存在两种不同的选择方式：其一，企业通过选择为社会提供的产品和服务价值来确定价值取向；其二，通过企业和员工之间的相互选择来确定价值取向。当企业在前者的过程中选择了正确价值取向时，还需要选择和企业具备相同价值观并能够为这样价值观贡献聪明才智的员工。同时，这样的选择也是双向的，员工同样在用自己的价值判断标准来看待企业。这样，只有企业管理者选择了正确的执行价值取向，才能确保获得优秀的员工，并推进企业对社会提供的产品和价值的提升。

更加细致地说，当员工做出了对企业的价值取向期待之后，实际上就是将个人的事业命运和企业的价值取向进行了联系。如果他们发现企业的价值取向和自己所期待的一致，那么，其执行力就会得到充分发挥。反之，如果企业的管理者并不愿意及时评估和改变价值取向，员工就会丧失信心和热情，并无法表现出应有的执行能力。

可以说，对价值取向进行的评估和转变，在一定程度上体现了企业领导群体对执行价值观的倡导，而想要让这种倡导转变成为被全体员工所认可、遵守的价值观，对前任执行价值观进行的评估、诊断是必不可少的。

一般来说，通过问卷调查、访谈、对资料的研究和现场进行的调查等，是企业价值取向的重要评估方式。

1. 可以通过企业价值取向问卷进行调查

企业价值取向问卷，是用来评估企业执行价值取向现状的重要方法。通过对问卷调查之后所体现出的结果进行准确数据分析，同时，利用不同类型的图表、表格来将抽象的企业文化进行具象表达，就能帮助新任管理者通过可看见的方式，对企业价值取向的形态进行深入探讨，发现其中的不足。

更多对企业执行文化的测量、评估问卷，则主要从员工个体的角度来对企业的执行价值取向进行评估。例如，通过问卷可以对员工工作满意度进行调查、工作价值观进行调查，或者对组织激励因素的效果进行调查等。针对不同行业、不同企业组织的价值取向，新任管理者可以形成不同的执行价值取向调查问卷。

2. 访谈是企业执行价值取向调研过程中最为普遍的途径

这种评估方式的优点在于能够做到简捷而明确地获取评估资料。在评估过程中，由于能够和评估对象进行面对面的交流，能够迅速产生互动的效果，所以，有利于将评估往深入具体的方向推进。同时，由于进行了直接、及时的沟通，能够避免一般调查形式中信息来源不对称的问题。

访谈的具体形式是不同的，可以是标准化进行，即按照调查者事先设计好的问题流程进行顺序化的提问回答，也可以是非标准化的，即调查者可以围绕和执行文化、执行价值取向等方面的工作内容，看似随意提出一些相关的问题，并根据被访问员工做出的回答，做出综合性的评估。

关于价值取向的访谈形式可以是一对一的，也可以是一对多的，应该根据企业的不同文化特点进行。

通过对企业内部不同执行层次的员工进行相关访谈，可以获得不同的关于执行价值取向的信息。例如，和企业高层执行管理者进行沟通，能够正确地评估企业目前关于价值取向的发展战略，明确评估企业在价值取向重塑方面树立的方向，并借以指导对企业执行文化的提升；和企业中层执行人员进行交流沟通，能够正确评估企业执行中管理层面价值取向的真实问题，并提取出企业在前任管理者领导下执行价值取向的精华部分，对其中不合理的文化进行去除和剥离，从而正确建立企业价值取向的重塑的基础；而和基层执行员工进行的访谈，则能够评估和发现普通执行员工工作中的正确价值取向，同时体会到基层执行员工对于管理、运营等方面价值取向的原始意见。

3. 对企业价值取向的评估方法还包括对资料的研究

对资料的研究包括对企业前任领导下历史沿革的变化、发展战略的改变、企业制度和政策的变化、企业结构的发展、企业活动的成绩等资料进行相关研究。这些资料都或多或少会积累下企业在前任管理者领导下所形成的独特的执行文化和执行价值取向。例如，企业制度、政策等，往往是企业价值取向在企业执行过程中的具体实践，大都表现出组织管理者对企业经营管理的执行实践、对企业员工执行工作所作出的具体期望和推论，通过这部分资料的研究，企业管理者能够发现上述期望和推论，并对企业执行价值取向的确立提供必要的依据。

除此之外，当新任管理者接触到企业时，应该对企业的具体工作环境和员工的执行状态进行现场的调查，通过对企业逐渐深入的观察、对企业员工无意识的执行行为的了解，进而不断发现企业执行文化中关于价值取向的深层次问题。例如，现场对企业实物生产和服务设施的观察，对企业接待陌生人和客户的考察，对员工工作时间分配和合作过程的观察了解等。

总体而言，只有对企业价值观做到具体的分析评估，才能为企业执行价值取向的变革提供重要的数据、信息和资料，才能够帮助企业新任管理者看清楚当前企业执行建设中存在的问题，并为他们更好地完成领导工作、做好“萧规曹随”打好基础。

执行密码二

身体力行

破译执行关键：

《淮南子·氾论训》中说道："圣人以身体之。"而《礼记·中庸》也说："力行近乎仁。"意思是说，在执行过程中，务必要努力实行，亲身体验。古人是聪慧的，他们明白高效的执行力需要各阶层的官员以身作则、身先士卒。毋庸置疑，执行力是管理决策的延续，也是制定决策本身的要求所在。有了决策以后，没有人去执行或执行不力，那么，执行也就失去了应有的意义和价值。

密码解读

身体力行是高效执行的内在要求

在电视剧《亮剑》中，有这样一段剧情：当孔杰担任领导的独立团被日军特种小分队偷袭得手之后，上级首长命令李云龙担任团长，肩负管理独立团的工作使命。李云龙就任团长的演讲很简单，他向战士们保证，独立团就是野狼团，今后不管面对什么类型的敌人，都会进行彻底的执行，而这种执行总是从李云龙开始的。在后来的执行过程中，李云龙总是能够做到以身作则，如同野狼团中的头狼。

在动物界，狼并不是最凶猛的，但狼群的执行力之高，足以让最强大的动物汗颜。这其中的原因，和狼群高效的“执行文化”不无关系。在狼群中，不管发现怎样的猎物，担任头狼的领导者总是会以身示范，冲锋在狼群的前面，带领狼群去完成生存、竞争的任务。而当企业组织想要获得高效的执行力时，情况也同样如此。企业的管理者并非只是将提高执行力的政策和方法传达给企业员工就可以了，必须要注意在执行力打造过程中以身作则、身体力行。这是因为，一个自身都无法做到超强执行力的组织领导者，是不可能拥有一个具有超强能力的组织的。

组织的执行行为，在很大程度上会受到组织领导者行为的影响，这一点毋庸置疑。这是因为下属们往往会在工作中对领导者的行为风格进行观察了解，并进而将之看做自身工作的榜样。**那些执行工作雷厉风行**

的组织领导者，其下属工作的风格也大都可能是快速而高效的。同样，那些在执行工作中实事求是的领导者，其下属的工作方式也是沉稳老练、追求效率的。反之，那些虽然制定了大量企业执行制度，但自己都无法真正遵守的管理者所领导的组织，其执行力注定是低下的。因此，想要让员工注重执行工作，获取有效执行的高效工作风格，作为组织领导者的你必须全身心地投入到企业执行工作的日常运营中，从自身工作中的关键执行细节开始，对工作给予足够的关注、重视。

不少组织的领导者都认为，他们的工作并非对细节进行管理。相反，他们对执行管理的风格能做到“充分授权”，而不是用自己的行动去对员工细小的执行工作发生影响。如果他们听说自己应该用和员工同样的执行工作态度投身到工作上，必须做到身体力行时，就会更加觉得难以理解，并认为所谓的领导身体力行，已经是一种过时的管理方式。

之所以产生这样的想法，是因为在不少组织管理者看来，对身体力行的关注，就是对微观的管理，就是浪费自己的工作经历，就是降低员工工作的主动性……的确，过分关注细节的工作方式是有害的。但实际上，关注具体问题（尤其是关注自身身体力行的程度）并非过分关注细节，相反，通过对自身工作风格的关注，组织领导者能够对那些执行工作中关键的细节工作进行充分了解观察，并进一步发现隐藏在企业运营过程中影响执行效率提高的重要问题。

很多企业的领导者大都习惯于在工作中向员工和客户们描绘自己领导下的公司未来的美好前景，而更多团队的管理者则习惯于坐在有空调的办公室中、舒适的办公座椅上随意敲击电脑键盘。然而，那些世界知名企业的管理者之所以打造出了令人羡慕的组织执行力，并非仅仅是做这些。例如，通用的杰克·韦尔奇能够随时动手，亲笔给基层的某一名员工写一张便条讨论他的工作，帮助他分析其工作岗位上的麻烦，并提出中肯的建议；沃尔玛的山姆·沃尔顿能够在酷热的夏天，和超市的收银员像老友一样握手，并帮助她将收银台上不同的物品进行分类；思科公司的钱伯斯，则能够在企业活动时，亲自推起冰激凌小车，为员工发放冰激凌，和他们进行更加亲切坦诚的交谈，并帮助他们解决麻烦。

不争的事实是，那些能够身体力行的组织管理者们大都成功了，在他们的示范和领导下，组织能够更好地建立起执行的文化，更多员工都为了提高企业执行力努力，而并非空谈或者搪塞，但是，另外一些执行者并没有意识到这一点，他们的工作不仅失败，而且连同企业组织的执行力也迅速下降。

由此可见，在对组织执行力提高的过程中，组织领导者自身的因素是相当重要的。这是因为，组织领导者自身的工作行为就是整个企业组织的工作风向标，而几乎所有的员工都会将之当作自身工作的参照标准。因此，在企业的日常管理中，组织领导者应该做到充分负责、积极行动。如果组织领导者只是会在会议上谈论提高执行的重要性，号召员工们注意充分执行，但在会议结束之后，员工们如果看到的是领导者并没有投身其中的随意态度，他们很容易也受到影响。

因此，组织的领导者如果想要带动每个员工充分对执行负责，首先应该从自身出发，积极参与到企业的日常执行业务中去。同时身体力行，让员工在执行过程中随时看到你的投入。这样，组织领导者才能向员工做出表率，并充分影响员工，从而在组织的团队运作中建立起执行力文化。

事实上，亲力亲为的**身体力行态度**，也是组织领导者对自身工作岗位充分投入的敬业态度，是高效执行的管理者的显著特征。他们的工作方式会影响到其他员工的工作方式。

在自身高效执行的管理者中，郭台铭则是典范。

掌管富士康集团的郭台铭认为，执行力包含六大方面：业务的开创能力、团队的战斗能力、生产的管理能力、品质的管理能力、经营的管理能力和工程的管理能力。而作为一个企业的管理者，应该将这六大执行能力作为标准，会很容易发现管理者自身存在的关于执行的问题。

郭台铭曾经这样语重心长地对企业的管理员工说道："有没有自身的执行力，考验着你是不是行动者和实践家，同时，更加考验你是不是真正的战略家。执行力并不是什么神秘东西，而是要求我们能够'坐而思，不如起而行'，能够'与其临渊羡鱼，不如退而结网'，要求管理者自己一定要做到不断地行动。"

郭台铭自己是这样说，也是这样要求自己身体力行的。每当他坐车上班时，一旦看到企业中的问题，或者想到一些事情，就会立刻打电话给企业不同部门的高级主管们。而当他下车进入办公室以后，他就会要求所有相关的主管、员工都要等待在那里，众人马上做的就是立刻开会进行讨论，分析事情能不能做，并在第一时间内对利弊做出权衡、进行决策。

在富士康的创业阶段，作为企业老总，郭台铭自己甚至都没有固定办公室。只要工厂中有哪个部门需要领导执行，他就会立刻将办公桌搬过去进行工作。

当时，富士康刚刚和电脑业的巨头惠普合作，对其电脑笔记本外壳代理加工，此时，富士康的厂房不够，只能一边进行基础建设，一边开工。眼看交货时间就要截止，还有一批产品没有完成生产。这时候，郭台铭亲自来到生产第一线，他没有对员工进行什么具体的训导，而是表示自己要在生产一线上亲自督战直到完工。看到老总自己都表现出这样的决心，员工受到了激励，他们轮流加班，推进生产，最终在距离最后截止时间之前，将所有产品完美下线。

郭台铭提出，所有的英雄都应该在沙场上建功，而不是回来专门拿勋章。因此，他要求自己将领导的执行花费在一线，既要解决实际问题，也能因此而督促员工更加投入执行。

对领导本人的执行力的对象进行分析可以看到，执行力包括两个方面：自己亲自完成工作的能力；自己管理他人的能力。凡是那些优秀的企业管理者，在这两方面的能力都相当强，这样才能让整个团队受益。如果只能管理好自己，而不能影响他人，则团队员工很容易各行其是。反之，如果总想管理他人，却不能以身作则，就更难以说服和影响其他员工。

作为企业的管理者，想要在自身执行的工作上对整个企业组织产生充分作用，就要在下面的工作方向上花费更多的精力。

1. 能够提高个人的实际管理方面的执行能力

企业管理者不应该依赖他人提供的资料，或者希望下属能够将所有工作做好。事实上，只有充分地接触执行、管理执行，才能对企业组织的实际情况有真正了解。企业管理者对于自己经常管理或者能够起到主导影响的不同工作业务应该亲力亲为，自己去具体地负责执行。只有亲自执行之后，才会有相应的工作经验，这种经验和观察、分析、询问或者估计的收获是完全不同的。

2. 为下属制订好计划

对于那些在你管理下执行时间较长、执行难度较大的工作事务，管理者必须要有从自己开始拟订工作实施计划的习惯，这种拟订计划甚至要求你在某种程度上为下属制订好科学的工作计划。其中，拟订和实施的重点有如下几个步骤：

第一，进行积极充分的前期调研、充分沟通。这是因为执行计划往往涉及大量工作人员、相关资源，因此，和相关的部门、人员进行足够的前期沟通协调是非常重要的，无论他们是你的下属，还是你的合作伙伴，只有进行足够的前期沟通才能保证当你制订完成计划之后，他们能够真正在计划中发挥应有的作用，也能保证你的计划是准确可行的。

第二，对工作计划进行合理的分解。一个复杂的工作事务或者项目，应该从企业的管理者开始就进行准确合理分解，再落实到具体的经办人。反之，如果你不能身体力行，而是将这些工作全部分派给下属的某个部门、团队或者主管，那么，他们对工作计划的分解和追踪将无从确保，并有可能影响到具体实施的效果。因此，即使是企业最高管理者，也应该在适当程度上对总体的工作计划进行有效分解，并确保这样的分解能够为企业对项目和事务的执行有着充分的价值。

第三，对进度及时跟踪。企业的管理者是项目和事务计划进行的主导者，因此，你不应该完全相信下属做出的承诺和汇报。即使对于工作中的合作者，你也不能完全推卸责任。事实上，管理者是整个工作项目计划的主导者，也是责任的承担者。通常情况下，当工作开始的第一周左右（或者两三天），就要开始和经办人进行及时沟通，询问工作项目的进展情况，判断其过程中是否存在问题、是否可能出现异常，并对可能出现的异常做好准备应对的方案。而在跟踪过程中，一旦发现异常，就应该协助、指导或者要求下属处理问题，或者由管理者本人对整体工作计划进行调整，并将调整的方法、步骤、要求和最后变动的结果告知其他相关工作者和工作部门，这样才能确保计划的执行能够顺利完成。

3. 管理者应当学会对自身问题进行及时改正

当管理者经常抱怨整个团队、整个企业因为不同员工个人在执行上的问题而整体执行力下降的时候，应该换一种思考方式：或许，你也会成为团队整体下降的原因。对此，曾经有管理者说过这样的话："我们不应该容忍那些自命不凡的家伙。如果我们看到有自命不凡的人坐在办公室的位置上，想要'表现'出经理的架子，我们就应该将他们赶出去。"

的确，组织的成员需要管理者的指导和督促，而管理者自己则需要对自己进行同样的指导和督促，并且应该学会不断地反省自我，进行自我批评，这样才能保证他们真正全身心地投入到管理过程中，发挥自己的执行力，这种反省和批评所形成的自我检查和提升，比起单纯的履行权力，在很多时候要显得更为重要。

提升秘密 1

到位执行须确保既定战略获得成功

高效执行意味着艰苦的挑战，而这样的挑战不仅需要人才众多的团队来面对，同样需要有注重以身作则的组织管理者来带领员工进行共同协作配合，而这样的协作配合是为了确保执行到位，更是为了确保组织的既定战略能够获得成功。

作为管理者，你同样也是企业组织的成员，和整个集体血脉相连。因此，你个人的事业目标、工作利益，都应该和整个组织保持高度的一致。通常来说，达到执行的最高效能，并让企业在战略成功的基础上不断向前发展，是整个组织尤其是管理者所重视的目标，为了实现这样的目标，即使你是整个组织的核心人物，也应该和其他员工一样面对同样的战略规划，采取一致的执行策略。

这样的要求，并不仅仅因为你是组织的核心管理人物，同样也由于你是组织中管理团队的成员。所谓团队，就是为了共同的目标、利益而充分联系的工作者。这样的定义，对执行过程中领导者的工作态度定下了基调：必须将自己的工作目标和组织的工作目标统一，必须将执行的战略进行统一。

事实上，**能否将个人意识到的执行战略同组织的既定战略结合起来，也是组织是否能在管理者领导下成为一个完整提高执行效率的集体的重要标志**。如果从管理者本人开始，都无法做到这一点，那么，整个组织必然是松散而难以产生具体作为的，甚至有可能因为管理者对战略的错误定义，而面临分崩离析的问题。

当然，管理者不可能希望自己的企业处于这样的危险中，因此，他们必须要充分保持对既定战略的清楚认识，而不应该在对组织执行力提高的过程中做出背离战略的事情。例如，作为组织或者团队的管理者，对外应表达愿景或目标的声音，应当符合公司既定的战略规划和意图，而不能有所违背；又如，你和客户之间沟通时所执行的方案，不应该偏离整个组织或者团队的战略规划。

需要承认的是，很多情况下，对既定战略规划的违背在很大程度上短期内帮助管理者提高其领导业绩，甚至能让整个组织或者团队在短期内看起来有很高的执行力。但从长远来看，由于管理者带头走错了方向，导致战略规划的违背，最终会给企业带来损失。而当这样的损失来临时，无论是管理者自己的工作业绩，还是团队的执行能力，都会遭受更大的损失。

下面的实际案例，值得每个企业的管理者深思。

John 是深圳一家 IT 公司的副总兼市场销售经理，该公司主要对大型企业或政府部门网站提供建设和维护服务。John 负责的工作是对市场的拓宽及对客户的寻找。John 热爱自己的工作，也看重自己团队执行力的提高，为了能够做到提高执行力，他经常努力加班工作，而市场销售部门的全体员工也受到感染，为了提高业绩而工作。

当然，在深圳，这样的小 IT 公司数量相当多，相互之间的竞争也非常激烈。然而，即使如此，在 John 的努力管理下，市场销售部门仍然发挥了重要作用，努力提升着执行力的效率，提高了整体的工作业绩。同时，这也是因为该企业的业务部门有一批高素质的技术员工，这部分技术员工带来的是较高的技术成就，也为 John 他们打开市场带来了有效的支撑基础。在平常工作或和客户沟通的过程中，John 也秉承着企业“高价、优质”的战略规划目标。

虽然一直以来有着较好的业绩，但到了 2010 年左右，情况开始变得有所不同。全球经济不景气带来的影响开始冲击企业，并导致国内的 IT 行业开始转冷。这给 John 所在的企业带来了很大挑战。

如何在低迷的市场环境下维持自己团队的高执行效率？John经过仔细思考，找到了一个“高效”办法——降低报价。打定主意之后，他在没有获得公司授权的情况下，私自将报价下调了不少。另外，他还私下里给予客户经手购买网站建设和服务的代表员工回扣。经过John这样的运作，市场营销部门的订单、业绩额又开始回升。但问题是，公司高层很快发现了这些订单的问题，当董事会开始过问这些事情的时候，他已经签下了三四份合同，虽然这些合同并没有让企业因此亏本，而只是利润缺失了一部分，但这些合同显然违背了董事会对企业战略目标的既有规划。

董事会了解到这一点后开始对John进行调查，试图制止这种执行方案，但为时已晚。该公司降价的消息很快传遍整个行业，同行指责的言论越来越多，不仅如此，原有的优质客户要么放弃了继续合作，要么要求降低所有的维护价格。因此，董事会采取的“高价、优质”的战略规划目标彻底失败。最终，John被开除出公司，反思自己的盲目行动，他感到追悔莫及。

从上述案例中可以看出，作为企业的管理者之一，John对企业执行力效率的提高是充满关注的，但他却选择了错误的工作方向，导致企业受到损害，而自己个人的事业发展也受到严重挫折。其实，企业执行力的提高，并非完全依靠管理者就能够做到的，这需要企业全体员工上下一致的努力——业绩一起创造、决策共同讨论。更重要的是，当组织或者团队的战略目标、战略决策制定完成之后，作为既定的战略规划，对外，无论你是普通的部门管理者，还是企业的高管，都应该保持充分一致的执行态度，否则很容易产生错误。

那些个别的管理者为了提高他们自己认定的执行效率，却违背了企业的既定战略方向，实际上就是在企业执行力大厦的地基上亲手打造了裂缝。这样的裂缝很容易因为管理者自身的位高权重、个人影响力而导致迅速扩大，损害的将是管理者和组织共同的利益。

当然，在对执行力提高的过程中，组织管理者首先要和企业保持充分统一的节奏，这并不意味着管理者不能质疑企业的战略目标——事实上，市场和企业本身始终处于变化中，作为需要对组织负责、对员工负责、对客户负责的领导者，对既定战略规划的目标产生怀疑也很正常。但这时候需要做的并非自行其是，而是应同企业的高层进行集体沟通。通过沟通，解决分歧，才能获得组织执行力提高的进步。有时候，你所提出的正确意见有可能刺激企业跳出目前的运行框架，并设定新的战略规划，这样的行为是值得鼓励的。但问题在于，在上述工作真正开始之前，你应该首先和企业的高层、其他管理者和下属员工进行充分沟通，而不能擅自改变战略。

其次，在领导工作中，企业的管理者必须坚持正确的工作方向，而不能被短期的利益分散注意力。他们必须做到时时刻刻提醒自己能够认清既定的战略方向，并采取不同的方法确保自己不会在实际工作中弄错战略规划。例如，作为管理者，你可以在企业或者部门内部的会议中不断强调执行既定战略规划的重要性，这样，不仅提醒了下属，也提醒了你自己。又如，你可以要求下属在汇报工作时，将他们具体的执行步骤和执行意义结合企业整体的战略目标来讨论，这样也能够确保你的领导工作不会发生偏差。

最后，在对执行领导的过程中，常常有可能出现这样的情况：一些员工或者下属出于不同原因——例如，对企业的关心、对自身晋升加薪利益的追求等——在执行过程中发现不同的“巧妙”工作方法，他们有可能向你提出这样的工作方法，并强调其方法的好处，同时希望能够进行推行以体现出他们在团队中的重要性。对这样的情况，作为领导者，你首先应该予以肯定赞扬，但对他们提出的工作方法则应该进行具体的分析、讨论，辨明其是否能够促进企业战略目标达成。如果不加辨别，因为体现出的利益而全盘采用，那么，很有可能导致你领导工作的偏差，并导致团队执行力在未来某个时刻被影响和破坏。

提升秘密 2

群众看领导，领导带好头

在许多表现战争的影片中，常常有这样的情景对比：那些战斗力不济的部队中，领导者的表现是泄气的、沮丧的，甚至为自己找好了后路；而那些战斗力强大的部队，领导者则是带头冲锋陷阵的第一人，这样的对比有着天壤之别，由此产生的执行力效果也是高下立判，从中充分体现出不同组织团队中不同的管理思想——自己都无法表现出良好执行意识的领导者的下属注定执行力低下；反之，想要让基层员工拥有较高的执行力，必须要让他们看到有强大执行力的领导者。

领导者要做好表率去提高组织的执行力，需要特别注重对制度的尊重、遵守。

在执行效果不如意的企业中，大都有这样的两种现象：一种现象是企业的不同部门、不同科室，只要没有产生重大问题，只要不是为了迎接上面的检查，制度的落实是否真正完成，在领导和员工看来似乎都一个样。另一种现象是：作为企业或者部门的核心人物，不少领导认为，只要将制度制定出来，并在出现问题的时候按照制度去处罚员工、追究责任就可以了。这样的领导方式，导致员工对制度的态度也只是满足于偶尔在口头表达并应付检查。这样，制度就缺乏了一定的权威性。

事实上，制度一旦形成，应该对整个企业员工的行为产生充分的约束作用，组织内部的所有成员都必须予以共同遵守。而作为制度的制定者，领导必须要学会带头执行好制度，努力营造全体尊重制度的工作环境。这意味着他们不能将制度看做对员工执行行为进行支配的工具，而应该看成自己身先士卒做出示范的工具。

一位优秀的领导，首先是执行制度的模范，其次才是制度执行的监管者。

当组织领导者带头遵守制度时，他们的一言一行很容易对整个组织内部的制度能否落实产生重要影响。因此，身为领导者，应该在对领导执行的过程中，不断强化应有的制度意识，注重对员工制度的教育、指导和监督管理工作，通过自身的努力，让员工看到，尊重和遵守制度是自己在企业中应有的自觉行为。同时，在自觉遵守制度的行为基础上，还应该注重坚持领导原则，做到从制度出发去做好对执行的监管工作，不允许有所谓的“灵活”和“例外”情况。这是因为，领导工作的灵活、例外是工作的需要，而制度的灵活（包括对自身要求的灵活）则是组织发展中的灾难。

聪明而成熟的组织领导者，不仅会在自己的工作中带头尊重和遵守制度，更会将自己行为中对制度的看重，表现在管理工作中，帮助员工看到他们领导过程中的这一面，从而对员工起到积极的鼓励、影响和指导作用。这样的领导模式，被称为“金鱼缸”管理模式。

之所以叫金鱼缸管理模式，是因为金鱼缸是玻璃做的，这意味着金鱼缸透明度很高，无论从任何不同的角度看过去，都能够一目了然地观察到金鱼是如何在鱼缸内活动的。这种比喻意味着提高领导对制度遵守的透明度，打造出足够透明度的民主管理模式。

金鱼缸效应的由来，是由日本最佳电器株式会社社长北田光男所创设。他强调，企业管理者应该增加自己行动的透明度，并尤其要让自己的经济收入是否符合企业制度作为增强透明度的重点，这就要求企业的不同领导者主动遵守制度，将经济收入等事实如实地向企业相关利益者——包括股东、员工——进行必要公开，并接受他们的批评和建议，从而根据员工的建议，对经营管理进行迅速改进。

此后，以“金鱼缸效应”为基础，出现了“开诚布公”管理法。而作为“开诚布公”管理法的创始人之一，史塔克先生因对制度的遵守、表现的杰出，成为了企业管理者的楷模，并获得了企业信用奖。

当史塔克接管春田重整公司时，该公司刚刚从原来的母公司“国际丰收公司”中脱离，整个春田公司的经营状况并不理想。史塔克认为，只有让自己对制度的遵守、尊重能够向员工们开诚布公，让员工们看到真相，才能让企业长久地维持经营下去。于是，他决定让企业的每位员工都看到自己的行动，他亲自教会员工看懂企业的财务报表，并且定期公布自己对公司财务制度遵守情况，从而确保全公司上下都能看到自己的领导行动符合公司的制度，并尊重公司目前状况、未来目标。

在运用“金鱼缸”模式和“开诚布公”的管理法的管理下，领导者必须增强自己对规章制度和不同工作的遵守程度。这样，领导者的工作行为就能置身于员工的监督下，从而避免领导者对权力的滥用，并强化领导者的自我约束。同时，员工在对领导是否遵守制度进行了监督的同时，其自身作为企业主人翁的责任感和工作热情、工作自觉性都得到了有效提升，并且能够比之前更加敬业、爱岗和创新。

管理者只有严于律己，才能让下属跟随自己，获得他们的尊重和信服，并在组织和团队中树立自身的威信。同时，也只有严格遵守制度的管理者，才能充分调动下属自觉性，并带领他们向良性的方向前进。

带头遵守制度，不仅是良好的领导工作习惯，同时也是一种执行的精神，这是每个出色的企业管理者都应该具备的职业素养。

为了培养良好的自律性，成为下属眼中的表率，领导者应该重点从下面几个方面带头遵守制度。

1. 创设一种对自身有效监督的环境

之所以要采用“金鱼缸”管理模式和“开诚布公”管理法，是企业执行力提高对员工工作积极性的需要，同时，也是管理者对自身遵守制度的严格要求和激励方法。通过打造这种公开透明的环境，管理者和自己的下属身处整个企业上下监督之中，一旦发生对企业制度的违背，管理者必然会受到怀疑和指责。因此，当有效监督的环境创设出现之后，人们自然会加强必要的自我约束，成为更加自觉遵守制度的领导者。

2. 作为企业的领导，应该保持对工作细节的追求

作为企业领导，应该清楚自身的工作行为无论大小，都具有相当

强的导向作用。这是因为，企业管理者的言行举止，总会是下属不自觉的关注重心和仿效样板。因此，企业管理者必须注意自己的一言一行。例如，台湾塑胶集团的创始人王永庆要求下属必须遵守节约成本的企业制度，他自己也是这样做的，一个装文件的信封他会连续使用几十次，肥皂用到最小的程度还要继续粘到新的肥皂上使用。正是如此，他才成为了员工眼中的卓越管理者，并带动下属积极遵守企业制度。

3. 想要做到完美地遵守尊重企业的制度，企业管理者还应该提高自己在各方面的工作知识和能力素质

这是因为企业制度并非仅仅是一种要求，同样也是一种提示，这种提示指导着具体的方向，要求员工能够按照这样的方向去提高执行能力。而作为管理者，需要比其他员工更好地做到对制度方向的把握和践行，这就需要他们有着超过员工的知识、能力、业务素养，也要求企业管理者应该抽出更多时间用在学习、提高自身上，从而成长为员工眼中的最好领导者。

提升秘密 3

调动“各级组织和细胞”的执行积极性

无论企业管理岗位上具体是谁，实际上，员工工作积极性的高低，最终都会影响到企业组织的执行力结果。因此，每个管理者都应该想方设法通过自己的努力，调动企业中员工的执行积极性。对其积极性

的激发，也就意味着其执行动机的充分提升。

需要明确的是，**任何人的积极性，都是以其自身的需求作为基础的，也是由其动机来推动的**。因此，企业管理者如果想调动企业内部不同级别的组成细胞的积极性，就要想方设法对员工执行行为进行预测、引导和强化，这就意味着企业管理者应该了解下属们的需求、动机以及其运行的基本规律。

什么是员工的需求？所谓需求，是指个体在缺乏某种东西时所产生的一种主观状态，这种状态是客观需求的反映。所谓的客观需求，既包括个体的生理需要，也包含他们对外界环境的需要。因此，需求并不完全是个体被动和消极的过程，而是在人和客观环境的相互作用之下，通过积极的活动而产生的。

具体来说，没有外界的刺激，个体的需求就无法及时产生，而能够引发个体需求的刺激则是多种多样的：既包括个体内部的刺激，也包括外部环境的刺激。例如，物质需求、精神需求；自然需求，社会需求；短期需求，长期需求，等等。

另外，和员工执行积极性紧密相关的还有他们的工作动机。一个员工的工作动机越强，往往执行力度就越强，执行效率就越高。这是因为，动机意味着推动人从事具体活动的意图、愿望和信念。动机是行为直接体现出来的原因。

虽然同样都和执行效果有联系，但需求和动机有着很大的区别。

从本质上来看，需求是员工执行积极性的基础和源泉，而动机则是推动员工执行的直接原因。这意味着，只有当员工的需求具体达到某种特定的程度之后，才能转化为直接执行的动机。

动机出现之后，其表现形式也是多种多样的，在企业中，可以表现为员工的执行感觉、工作兴趣、执行意图、执行信念、工作理想等。虽然，动机是执行行为的直接原因，但应该指出的是，推动员工直接执行行为的，往往并不是某种单一的动机，而是多种动机的综合。这样的综合，被称为员工执行的“动机系统”。当然，在某一个动机系统中占有的最主要动机，是执行积极性的最主要因素，而结合具体工作对动机进行了解和研究，则有利于企业管理者对员工的执行活动进行准确而积极的预测和引导。

按照美国学者戴维·麦克尼兰和约翰·刘斯特罗姆等学者的有关理论，可将执行的动力作为研究对象，并将企业员工的执行动机分成以下四种。

——成就动机。这部分动机体现在执行中的表现，就是员工应该将解决问题看做自身的责任；能够将执行目标看做工作的中心，并结合这样的目标制定自我的现实、可行的工作目标；能够积极寻求执行中的独立性、创造性，并应对其中的挑战；愿意为了获得更好的执行效果，进行有意义而适当的创新；渴望在执行完成之后，获得有关工作业绩的具体反馈。

——亲和动机。这部分动机体现在执行中的表现，就是员工非常注重自己和同事之间的关系，希望自己能够被他人接受和喜爱；他们因为亲和动机而愿意参加集体的执行活动、参加和同事的沟通交流，并积极寻找自己在团队内的归属感；愿意在执行过程中帮助他人。

——权力动机。这部分动机在执行过程中如果成为主导动机，那么，员工就会比起其他人更加希望能够有效控制好局面，希望能够对身边的同事有更多影响和控制，希望在执行中能够进入竞争，并且获胜。最后，这样的动机还会让员工更加主动地寻求获得权力和地位的相关职位。

——能力动机。这部分动机对员工执行积极性的具体影响体现在，他们能够积极追求工作技术的熟练，将利用自身工作能力来发展团队执行力，并解决执行中的问题当成自己的荣誉；他们愿意对工作中所遇到的具体困难进行努力创新的解决；能够从已有的工作经验中吸取经验，并持续不断地提升个人的工作能力；能够高质量地完成执行任务，并感受到内心的满足，同时注意到从其执行工作的人中间收获尊重。

正是通过对上述四个方面的动机进行激活，包括巨人网络在内的一系列优秀企业才能将员工的执行积极性进行有效提高。

2010年年初，巨人网络宣布，“赢在巨人计划”顺利推出。这个计划的核心在于，只要通过审批加入计划，巨人公司将会为创业者提供全方位的支持，包括资金、技术、团队人员补充、市场推广运营等方面的支持。而在创业项目成功之后，整个创业项目将给创业者带来20%左右的利润分成。最初，制订此计划的目的是为了引入外部的创业团队，但不久之后，巨人集团的核心管理者史玉柱就将这个计划延伸到了对内部员工的激励中。内部员工可以组建成团队，通过审核后，就可以进行独立的执行工作，对项目进行开发，而所获得的条件则同上述计划中的完全相同。

史玉柱为什么要采取这样的内部改革？这是因为，对于从事网络游戏的开发员工来说，其执行的效果、绩效考量，正呈现越来越复杂的情况，而员工的主观能动性，则是企业整体执行效率的关键。因此，史玉柱采取这样的改革方式，实际上是通过打造内部创业的模式，激发所有员工的执行积极性，目的在于利用最少的成本来获得更高的效率。

显然，这种内部创业的计划，是实现企业和员工通过执行积极性的提高，进而实现双赢的良好平台。在实行这个计划之后，那些执行积极性高、工作方法好的员工，从项目分成中所获得的经济收益，明显超过之前的奖金。同时，对于企业来说，员工执行积极性提高了，执行团队规模更小、投入的成本更少、管理的难度更低，而总体上来说，执行效率更高了。

通常来看，企业管理者激励员工执行积极性的手段主要在于提高他们的待遇。但史玉柱的激励手段却与众不同。这是因为，盲目采用提高待遇的手段，很快就会威胁到企业的成本，同时，也并不一定奏效。而采取股权激励的方式，引导员工看重的是长远利益，在目前环境下，员工也不见得会产生积极的执行动机——许多公司已经习惯给员工模糊、大致的长远回报预期，而员工则用这样的预期来回避短期的执行压力，倾向于未来的高收益。但是，这种状态下执行效率不一定能够有效提升，一旦希望落空，员工很容易产生失望心理，并导致执行力更为下降。

史玉柱曾经说过，对企业进行管理，其中主要的目的在于最大限度地发挥员工执行的积极性。实际上，这也意味着他对管理的理解，即想方设法结合员工自身的需求和动机，提高他们的执行积极性。

员工执行积极性的高低，将会直接影响到他们的执行结果，而赢得员工的高积极性，企业管理者应该学会从各个方向付出努力。

1. 企业管理者应该为员工指明执行的目标和方向

如果你能够用这样的目标和方向满足他们的需求，刺激他们的兴奋点，他们将会深深地投入到企业的执行过程中。在这样的过程中，企业管理者应该注意，当执行的首次目标已经达到之后，员工的需求兴奋点会很快消失，他们将不会再为一个已经实现的目标而提高自己的执行积极性。这就意味着，企业管理者需要寻求新的可以实现的兴奋点。这样，企业管理者必须要学会不断列举执行方向，不断更新目标，确保这些目标能够看得见、摸得着，能够让员工始终获得需求的满足。

2. 用充分的促进因素和保障因素提高员工的执行动机

对于动机来说，促进因素可以促进他们执行的愿望，而后者则可以维持这种执行动机在工作过程中维持士气和效率的作用。

如果将动机看作建筑物，那么，保障因素就是地基，企业管理者应该将工资薪酬、福利保障和工作条件等看作保护员工工作动机的重要因素。如果这些因素无法提高，员工执行动机就会下降，随之产生的结果就是执行积极性的下降。当然，除了保障因素，还应该有积极的促进因素，这就如同拥有了地基之后，建筑物并不会自动出现，而是需要建筑者的辛勤劳动一样。结合案例来看，史玉柱之所以成为优秀管理者，就在于他懂得巧妙地将保障因素和促进因素结合使用，来推进企业员工执行动机的提升。

3. 在领导者和员工个体之间的交流中，应时刻注意到切实履行管理者应尽的责任，对每个员工的执行需求和动机予以促进

为此，管理者需要将奖惩结合、表扬和批评结合。对于那些执行效果好的员工，应该及时给予表扬和奖励，而对于那些执行效果不好的员工，应该进行批评和惩罚。但一般来说，管理者应当掌握好表扬和批评、奖励和惩罚的比重关系。一般认为，60%的表扬和40%的批

评，能够产生较好提升员工执行积极性的效果。

总之，调动员工的执行积极性，加强执行需求和动机的诱导，建立充满活力的执行环境，归根结底就在于打造出强大的执行气场。想要获得这样的气场，企业管理者必须要让自己成为企业执行过程中的核心，做到全速运转，并运用自己的工作状态，设计出个性化的管理方法，采用不同的激励方式，带动整个企业形成巨大的执行能量。

提升秘密 4

避免“源头不正、中枢不灵、末梢不动”

随着时代的发展，市场竞争的激烈，一些企业在不断成长的过程中，也得到了不断扩大的机会。这样的企业从原来的“普通型”规模，变化为“巨大型”乃至“超级型”规模，而其中最具体的表现就在于企业内部级别变得越来越多、组织结构变得越来越复杂。

有这样一则企业笑话，在通用汽车公司原来的企业结构中，原来有 12 个级别，以金字塔形结构排列。如果一个学生在大学毕业以后加入该汽车公司，并按照惯例从最基层工作开始干起，并且他在每个工作岗位上都努力工作三年，并且表现积极，从而得到逐级提升的话，那么，当他有朝一日终于登上了总裁的职位可以大展宏图时，却发现自己已经要退休了……

当然，这毕竟只是笑话，但从某个方面也反映出这样的问题：企业组织结构不断庞大，对企业管理者来说并不一定就完全意味着个人工作上的优势。

企业管理者应该明确这一点，在结构越来越复杂、级别越来越多的组织中，身为高层领导者，制定出有关执行的决策之后，经过组织内部不断的层层传递，到最后执行者具体的工作过程中时，已经很可能错过了最好的执行机会。而更大的可能是，原来的执行方向，经过不断传递已经失去了原来的意义，出现了**“源头不正、中枢不灵、末梢不动”**的问题。

如何解决这样的问题，需要企业管理者自身的迫切行动。而管理者也需要积极观察问题的表现形式：事实上，在企业环环相扣的执行工作进程中，任何一处从管理者自身开始的细节、任何一件从管理者做起的小事情、任何一处从管理者开始发生的变化，往往都能够决定整体执行的进展效果，甚至改变执行的最终效率。而具体的表现，则是执行中每个层级都大打折扣，执行无法到位，导致责任链的断裂。

曾经有一篇叫作《90%的玄机》的文章相当有名，这篇文章阐述了简单的道理：执行效率是如何因为逐级打折而降低的。文章说到，在企业中，工作做到59%的员工会被“请出”组织，而做到100%，则似乎又太难、太累。因此，许多不同层级、不同岗位上的员工都认为，只要将工作做到90%就可以了。但是，从企业整体来观察，如果将90%连续相乘五次，也就是经过五个级别的“放大”之后，执行效率就下降到了59%左右。从这样简单的计算过程和结果可以看出，任何一个组织的执行效率都不是孤立的，而是根据不同环节的执行效率串联而成的，如果每个层级的执行效果都大打折扣，最终企业领导面对的就会是不及格的分数。

的确，现代企业分工越来越细化，每个项目实施，都需要经过不同的环节。而企业领导者作为最高层级的执行者，应该站在整体角度，将工作的构思、策划、实施、修改、反馈和修正等不同环节考虑仔细，并亲自参与到不同层级对执行信息的理解和实现过程中去，力求保证企业每个层级、每个环节都能将工作做到尽量完美，从而及时发现并解决问题。

企业领导者应该意识到，自己工作中的一点放松、一点差错，并不仅仅是自身工作的问题，很有可能经过不断“放大”，导致中枢不灵、末梢不动的问题。

另外，企业在执行过程中之所以会出现每个层级执行都打折的问题，很大一部分原因在于整个企业的错误惯性。而想要解决这种惯性，从企业最高层开始管理者的介入是相当必要的。如果从高管的源头开始就缺乏认真的态度、正确的方法，就会导致对执行效率提升的失败。这样的原则，其实也适用于其他管理者，无论是具体的部门经理，还是负责店铺管理的店长，又或者是整个公司运营的总裁，他们都应该看到，组织从自己开始对上下级负责的执行力是相当重要的，而作为这种联系链条的开端，他们对下级执行力的激活、效率的提升也负有重要责任。

在企业中，每每会有这样的话从组织高管或者部门负责人口中传出：“我没有时间，这个事情让××去着手吧。”随之而来的，是对执行的全盘放手，但是，这样导致的效率只能“听天由命”。想要提高下属的执行效率，不管是总裁还是部门经理，都应该发挥自己的影响力。这样的原理可以看作“千斤顶原理”——高层稍微发挥自己的影响力，对中层、基层就能产生很大的影响，充分利用管理者的千斤顶力量，才能确保下属的执行方向、执行效果得到有效修正和提升，并提升公司的业绩。

下面这些方法，能够帮助企业或者部门的高层管理者做好介入工作，帮助下属们获得良好的行动效率。

1. 在下属开始执行工作之前，企业管理者应该做到对执行行动模拟的测试工作，并观察结果

从你设计策略推出执行的任务目标开始，包括具体怎样进行执行活动、如何对执行中的不同行为表现进行奖励等。这些都将决定你所领导的不同层级员工有着怎样的工作态度。同时，高管所涉及的人事制度、公司章程、组织结构等，也都会在不同程度上深刻影响员工和团队的执行效率。

为此，高级管理者有必要对企业整体的执行过程进行周到的设计，并进行模拟测试执行。例如，考虑“引进某项工作流程后，会引发员工哪些行动”等问题，对企业不同部门、不同级别的执行行动做出模拟，并根据模拟的结果来重新规划企业或者部门的制度、规章。当这些前期工作做到充分设计之后，员工们才会在领导者事先的工作努力下循规蹈矩并从消极走向积极。

2. 要向下属有效传递关于执行的信息

企业或部门的领导者，是信息的发出者。因此，你需要的是培养自己向下级传播信息的技巧，从而使得他们愿意倾听，并了解你做出的决策。这样，高层管理者才能做到有效地带动下级，帮助他们克服缺乏执行效率的习惯。下面的实践工作原则，能够帮助你有效做到这一点。

第一，学会对自己的执行决策信息进行对应性的描述，从而吸引不同层面有着不同需要的员工。这样，高层管理者就能够从信息的传播结果中看到执行效率的提升。例如，领导者要结合不同层级的员工特点，知道和分析他们想要的是什么，他们思考的问题是什么，怎样的说服方式对他们是有效的等。

第二，领导者要能够帮助不同层级员工明确决策信息的重要性。之所以在执行过程中，不同层级对决策信息的理解发生偏差，其中很大原因在于不同的人都在用不同的方式感知工作过程，而如果领导者不能付出必要的努力，就无法确保员工能够采取正确的方式理解决策信息。因此，领导者应当帮助员工看到他们能从决策信息中得到怎样的收益，他们的个人目标是如何和企业整体执行的目标关联起来的。这就要求企业领导者了解不同层面的员工应该完成哪些任务环节，了解他们面对哪些问题，并从这些基础出发，设计出面对他们的体现方式。

第三，领导者应该保证自己的下属中都能够有规律地掌握决策信息。如果领导者能够做到这一点，关于执行的决策信息就能有规律地流动起来，这样，领导者和下属之间的沟通就会走向成功。诚然，目前的信息技术让信息传递变得更加容易。但是，不少企业的领导者过于依靠这样的信息技术，因此没有和执行的整体团队中不同层级成员在合适的情况下进行交流，直到这些员工将执行过程做得一团糟，他们才会表现得非常惊讶。其实，领导者可以结合执行项目时间的安排表，并结合不同层级团队成员的特点，对组织中不同层级的员工进行全面、准确和适时的沟通，并和他们分享关于决策执行的信息。实践表明，这样的分享是很重要的，能够帮助员工保持对问题的关注，并引导他们采取正确的工作修正方法，从而保证其中每个人都能对项目的执行保持应有的关注和兴奋。

3. 领导者要能够积极了解和倾听不同层级员工关于执行的诉求

在企业通向执行效率提升的成功巅峰时，一个经常被忽视的问题，就是领导者没有去倾听不同层级员工关于执行有怎样的诉求。事实上，为了对你的下属、你的团队以及整个组织中和执行有关的所有员工带来强大影响，你必须要学会成为有效的倾听者，而不仅仅是享受释放信息的过程。但遗憾的是，许多企业的领导者都缺乏聆听员工诉求的能力。其实，领导者花费在对下属执行力管理的时间，应该有一半是集中在对信息的接收上。

因此，领导者应该通过有意识地自我训练，来加强对信息的接收，并帮助下属在他们各自岗位上获得更好的执行动力和条件。例如，领导者必须提高自己倾听的意识，培养自己的敏感度；领导者必须懂得在合适的时候停止讲话，让员工说出他们对执行的看法；领导者应该在倾听员工意见时做到真正投入，能够去更好地分析语言和语言背后的信息，并完整分析他们的讲话内容。

提升秘密 5

形成良好局面——上呼下应、一呼百应

在每个企业组织中，核心领导者和下属的关系都是微妙的，而这

样的微妙关系在部门中也体现的相当明显。对于领导者来说，下属在执行中表现得过分优秀，往往或多或少地对其造成压力；而下属在执行过程中过于平庸，则更会让领导者担心其影响组织的业绩。当然，从总体上来说，绝大多数的领导者还是更容易接受那些能力优秀的员工，即使他们在某些工作能力上超过了领导者，但成熟的领导者懂得，如果能够对他们的工作能力进行有效引导和巧妙利用，那么，不仅能够将这样的员工打造成团队执行力提升的一柄利刃，更能够将他们打造成企业的摇钱树。

然而，**理想是丰满的，现实往往却很骨感**。很多情况下，企业组织的领导者并不善于培养那些能力优秀的员工，出于种种原因，他们无法获得那些能力优秀的员工的全力支持，更谈不上一呼百应的效果。这样，领导者们只能做出其他选择。

这样选择的错误，可以从美国著名的历史学家罗斯古德·帕金斯的论述中得到验证：对于一个能力不完全合格的领导者来说，可能会走下面的三条道路。第一条，申请退休，将位子让给适宜的人；第二条，邀请能干的员工来协助自己；第三条，选择两个水平都比自己低下的员工来做下属。显然，第一条路是没有人会选择的，第二条路大多数领导者也不会选择，因为那个能干的下属会成为自己隐藏的威胁者，看起来，只有第三条路才最保险。于是，那两个能力普通的员工成为了领导者重视的下属。但这样做的结果，只会让整个企业组织变得越来越臃肿，而执行能力和执行效率不断下降。

能够认识到如此结果的企业领导者，是不会对这样的选择进行效仿的。事实上，在今天的企业中，没有任何领导者能够依靠自己的能力取代整个企业团队的执行能力，相反，他们唯一应该做出的正确选择，是设法得到整个企业，包括能力出色和能力普通员工的一致拥护。

一个领导者如果无法得到员工的支持，组织或者部门中的工作气氛、执行业绩可想而知。同样，这样的领导者因为没有足够的支持，也就无法从自己的执行行动出发，带动员工的执行态度。可以说，是否获取支持，是建立对组织正确领导关系的保证。

观察日本企业索尼公司的发展历程，我们就能发现，赢得员工支持、获取一呼百应的效果，对于企业领导人员的重要意义。

在索尼公司，执行的气氛是轻松、融洽的，虽然时刻面对较大的工作竞争压力，但上下级之间依然充满了友善的情感。

为了帮助上级领导者获得下属的充分支持，索尼公司建立了两个工会组织，但是，企业内部同时也存在着很多没有加入工会的员工。但总体上来说，所有员工对企业的领导都是支持的。

索尼的领导盛田昭夫说，之所以企业领导能够获得员工广泛的支持，主要是因为员工对于企业领导的管理态度有着充分的了解和接受，在这样的基础上，他们能够明白企业领导的管理是出于善意。

推而广之，盛田昭夫提出，在日本，企业的发展和壮大并非仅仅是企业家就能够做到的，而将下属看作工具来谋取利益，不仅缺乏商业道德，也同样难以在执行过程中成为现实。因此，企业的领导者在成立公司之后，应该将招聘而来的员工看成实现执行理想并达到目标的同伴和助手，而不是赚钱的工具。有时候，员工甚至比投资的股东还要重要，这是因为股东经常会变化，但领导和员工的关系却应该是固定的。

正因为看到这样的利害关系，因此，盛田昭夫特别强调领导对员工支持的重要性。他提出，不同的企业有着不同的管理方式，但是其应有的精神基础并没有变化，毕竟，从执行过程的角度来看，企业不可能只依靠领导者。

在这样的思想指导下，索尼公司始终遵循一个公开的管理原则，即不论担任怎样的工作岗位，只要是索尼企业的员工，就是支持领导的力量。索尼公司也希望不同级别的领导者都能够和其他员工一样，使用同样的办公设施，并给予员工地位相同的尊重。例如，在企业的所有部门中，每天早上开始工作之前，部门经理或者组长们都会召开简单的会议，先交代当天的工作任务，之后总结前一天的工作，在会议过程中，如果有员工提出任何问题，部门经理或组长就会对他们的工作情况、生活情况进行了解，帮助他们解决困难，或者询问他们的意见和建议。这样，员工逐渐就会转变态度，支持领导，并影响他们此后的执行状态。

一个成功的领导者，应该能够最大限度地获得员工的支持，这一点在所有企业都是相同的。当然，作为领导者，和员工即使在根本利益上是一致的、情感上是融洽的，但由于各自所处的工作级别层次不同、具体利益不同、思维方式不同，也很容易产生不同的矛盾，最终导致组织的员工并不那么容易自觉地支持领导的管理。因此，领导者想要像索尼公司的管理者那样得到员工全心的理解和支持，必须采取必要的策略。

1. 领导者要能够于必要情况下在员工面前做出自我批评

领导者也会出现错误，这并没有什么不正常。当然，经理人并不适合在员工面前总是指出自己的错误，但在一定的特殊情况下，进行自我批评能够获得非同寻常的效果，并获得员工的支持。例如，当企业组织出现一定程度的问题时，如果领导者能够及时站出来，承认自己在之前的领导阶段中出现的某些失误，往往会因为这样的真诚而得到员工的理解支持，并能够鼓舞团队的勇气，共同渡过难关。相反，如果领导者坚决不承认自己的错误，必然会导致员工的支持度进一步下降，进而引起执行力的下降。

当然，进行自我批评，需要一定的技巧。例如，自我批评的形式应当能够引起更多员工的关注，而目的在于打动他们的情感。实践证明，这样的技巧是让自我批评获得支持的行之有效的办法。

2. 领导者如果想要获得员工的支持，应该将自己的领导业绩同他们共同分享

当整个企业组织通过共同执行，取得了较好的业绩之后，企业的领导者千万不要忘记将业绩功劳归功于全体员工。其实，这种“推功”并不困难，有时候，只需要一句话，你就能将员工的重要性凸显出来，并得到员工们发自内心的欢迎。反之，如果面对业绩或者来自高层的奖励，领导者只是一味地总结自己在执行过程中的价值，那么，很容易引起员工的强烈反感，甚至连企业的高层或者外界的客户也难以认可你的领导能力。

3. 要明白员工们的真实想法

由于工作环境的原因、个人性格的原因、彼此利益关系的原因等，企业执行团队中的员工对领导者所表示的态度、所说的话并不一定代表他们的真实想法。更多的员工很少会直接和领导者表达自己对他们的看法、对执行的态度。如果领导者对这一点没有清醒充分的认识，即使进行了表面上的沟通，也很难真正激发起员工发自内心的支持。

因此，当企业的领导者和员工进行积极的交流时，一定要努力摸

清楚他们的真实想法，找到如何提高他们支持度的重要途径，解决他们情绪上、心理上的症结，这样，才能使他们真正投入到领导工作的支持中去。

总之，想要获得员工的充分支持，就要利用上述方法，对员工各个方面的需求进行了解和满足。通过沟通去了解他们的真正想法，并采取切实的方法，对员工进行激励和鼓动，这样才能取得员工的充分支持，获得事半功倍的效果。

提升秘密 6

榜样的力量

美国前总统肯尼迪曾经说过："判断一个国家国民素质的高低，只需要看他们尊敬和崇拜怎样的人。"执行的组织或团队，都需要一个**领跑者**，或者需要一部分的员工作为领跑者来示范。这些领跑者的示范效应，也是组织领导者判断整个企业团队素质高低、分析整个组织执行力高低的重要标志。不仅如此，这些**正面榜样能够发挥其力量，提高整个组织的士气，促使成员在执行时采取更加积极的行动**。

比起对榜样意义的了解，企业领导者更需要了解怎样利用这样的力量，并学会在组织中树立典型。如何树立一个正面的能被员工普遍认可和学习的榜样，如何让这样的榜样带动整个组织和团队提高执行力等，不仅是领导者思考的重点，同时也是他们工作的重点。

关于榜样的力量，在心理学中有一种“标牌效应”，它能够为企业领导者提供一些帮助。

心理学家克劳特曾经做过这样的调查：他要求一群人为慈善事业做出捐款，根据测试结果来决定是否进行捐赠。在测试之后，一部分人被称为“慈善者”，而另一部分人被称为“不慈善者”，对于剩下的一部分则不作任何评价。在一段时间之后，当克劳特要求他们再次进行捐款时，那些被称为“慈善者”的试验对象，要比其他人捐献出更多的款项，相反，那些被称为“不慈善者”捐献的部分则要少得多。

这项心理实验，向企业领导者揭示了这样一种心理现象：基于对自身认知程度的影响，每个人一旦被周围环境贴上某种标牌之后，就会实施和这个标牌所预期行为一致的行动。例如，在组织团队中，被同事、上司和下属认定为优秀员工的人们，就会时刻提醒自己以优秀员工的执行姿态出现在人们面前；反之，那些被周围人认定为能力有限、态度一般的员工，其执行效率就注定难以提高。

准确地说，人们一旦被周围人贴上某种标牌，就会成为那种标牌代表的人。这也就是标牌效应所产生作用的外部特征。标牌效应说明，每个员工期待成为什么样的人、被贴上怎样的标牌，具有明显的定性导向作用。不管是正面还是负面的标牌，都能使员工产生强烈的自我角色感受。

因此，组织的领导者更应当在组织中多树立正面积极的典型“标牌”人物，并且多使用表彰、赞扬等正面的评价方式来树立典型榜样。例如，对业务能力比周围人突出、执行业绩比周围人好的员工进行公开奖励，在组织内部开展学习先进员工等活动。利用标牌效应来发挥榜样的优势。其中，领导者关键的做法应当是，对你希望员工学习的行为、做到的事情进行标牌化的突出和强化，这样，他们才能更加自觉、自发地向那些积极性的行为进行模仿和学习。

正如一位管理学家所说过的："榜样在组织中不仅仅是影响员工的主要方式，甚至是唯一的方式。"对于组织领导者来说，在销售团队中推选出榜样式的员工，打造榜样的精神，能够调动员工工作的积极情绪，并且使更多组织内的成员渴望追求执行上的卓越，并将提高执行的业绩作为目标。

通常来说，为组织中的成员树立有效的榜样包括以下几种手段。

1. 通过绩效评比的方式，挑选出榜样式的组织员工

在麦当劳，组织领导者就通过这样的方法打造榜样，这样的方法可以给组织领导者带来启发。

麦当劳经常在公司中举行全明星大赛。每年，在公司经营最忙碌的季节中，不同的麦当劳门店都会选出各自店中的岗位技能冠军，而公司在这些门店中会挑选出其中的10个左右，作为比赛区域。每个店的岗位冠军，将来到这些比赛区域中进行区域比赛，在评判出区域冠军之后，再继续参加总公司比赛。在评比过程中，裁判包括员工代表和资深的企业管理人员。而评比的总体原则是从公司设定的战略规划出发的。参加比赛的员工，会提前进行积极训练准备，直到比赛结束。

通过这样的比赛，最终，在赛事中脱颖而出的冠军，将成为整个麦当劳公司关注的模范员工，而其在比赛过程中的表现，也吸引了其他员工的关注和学习，并成为整个公司的榜样。

据此，组织领导者也可以通过举办类似的评比和考核活动，发掘团队中的榜样员工，而经过这样的比赛之后，那些被选为榜样的员工更会受到其他员工的关注，并产生应有的追随行为。不过，在采取这样的方法时，领导者应该更好地注意下面的工作步骤：第一，要做好评比过程中的程序化、标准化工作，这样，在进行评比竞赛时，才能有可衡量的程序、标准；第二，在启用评比计划时，最好邀请企业中那些有较大影响力的员工来参与评比工作。

2. 在寻求树立团队榜样的时候，最好能够让榜样角色更加多元化

这样做，一方面，来自不同执行岗位的优秀员工能够组成良好的榜样队伍，充分扩大这些榜样的影响力。另一方面，高执行效率的团队，也需要良性的竞争状态，而多元化的榜样模式则能够避免那些过分被关注的重点员工有可能带来的部分负面效应。

在实施榜样多元化的方案中，领导者应该注意实施下面的具体技巧：

第一，应该根据执行能力、执行效果、执行过程、执行潜力等不同方面的特点寻找不同的榜样员工，并突出其单项的榜样优势。

第二，领导者应该增加榜样挑选的途径和形式。例如，在执行的组织和团队中按照不同时间周期设置如日榜、周榜、月榜、季榜和年榜等不同的评比活动，还可以按照不同的项目设置单独、综合或者特别的奖项，例如，新人员工奖、组长奖、部门经理奖等。

第三，领导者还可以利用外部资源来开发新榜样。尤其当现有组织中缺乏可以作为榜样的员工和事例时，企业领导者可以采取直接、有效的方法来开发新的榜样。例如，重新挑选一个有足够执行经验、执行潜力的员工调入团队或组织，并充分释放他的能力，让他的榜样

角色发挥重要作用。当然，在原有的组织或者团队中，也可以培养这样的人才，而选择外部资源来开发新榜样的关键在于以下工作内容：

组织领导者要能够要求新的执行者抑或重点打造的榜样能够真正完全按照你的执行标准和执行要求做事，这种标准和要求比起现有的执行水平更高，这样，才能确保他们和你的领导保持高度的一致。

3. 组织领导者应该确保组织中后备的榜样人选能够真正了解其工作职责，明确他即将担任的角色、发挥的意义和承担的重要价值

应该承认，榜样的力量是无穷的。无论在怎样的企业组织或团队中，榜样经常会引发其他成员的模仿和学习。这是因为，从心理上而言，榜样所获得的荣誉和物质，都会成为“光环”而对组织其他成员产生充分的刺激，使得他们为了获得同样的光环，如成就、进步或者满足等，去模仿榜样的执行模式。因此，利用榜样，不仅能够从单个员工角度去调动他们的个人执行效能，还能够提升作为团队而存在的执行效能。

例如，在执行的组织或者团队中，领导者本身享有不同程度的权威，而很多员工会在服从权威的心理作用下，在进入组织的一开始，将企业领导者看成榜样。因此，树立组织、团队榜样，还可以从企业领导者自身出发。这意味着领导者可以以身作则，成为员工心目中的榜样，这样的榜样力量必然因为组织领导者的权威而显得更加强大。

又如，那些“超级员工”固然有可能成为组织成员的工作榜样，但是，如果其工作行为不能被其他人完全超越模仿，其发挥的榜样力量反而会不断下降，甚至最终让人产生远离的心理，无法激励其他员工效仿，也就不能产生原本应该产生的激励作用。为此，在挑选榜样

员工和工作实例时，组织者应该考虑那些和被激励者紧密相关的工作群体、执行行动，能够让组织人员感知到这样的行为事例是能够得到真实可行的操作的，甚至能够自己实践在执行中，超越榜样，成为新的团队之星。具体来说，企业领导者应该尽量从员工身边的、熟悉的同事中挑选榜样人物，这些熟悉的同事能够成为榜样，就更容易激励他们积极进取，并提高他们的自信；另外，针对具体的业绩、执行技能，领导者可以进行榜样宣传，多宣扬那些经过努力而得到的成功，则能够得到整个组织团队的良好回馈。

提升秘密 7

卓越执行官不做“白日梦”

如果对国内外同等学力、同等工作经历的领导者进行比较，我们可以发现，国内不少企业的管理者即使比国外的同事提早数年担任了相同的领导职务，但他们个人的执行力和对团队执行力领导的程度，却经常不如自己职位升迁的速度，更谈不上超越国外的那些同事。可以说，不少人虽然是团队执行的领导者，但实际上却没有多强的队伍管理能力，同时也缺乏足够的思考能力训练。

虽然看起来相当残酷，但事实真相是无法改变的：**企业领导者的能力是一种综合的能力，更是一种基于事实而运作的能力。**领导者的地位是重要的，但其影响力不可能是万能的，正如通天塔不可能只由某一位英雄来搭建成功。一旦企业组织中的领导者失去了对事实的充分观察考量，他们和员工之间的共同语言就会荡然无存。

当然，领导者如何改变自己对执行的管理风格，才能做到灵活有效地应对现实环境的激烈变化，这始终都是大部分领导者关心的问题。但不少领导者希望的是，自己可以下一道明智成熟的命令，这样的命令会促使员工努力完成工作，这样的期待多多少少有点“白日梦”的性质。与此相反，执行首先是领导者个人的事情，并不是员工被动地完成领导交给的工作任务，而是始于领导主动去制定企业目标，为了实现这样的企业目标，企业必须要完成对过去的跨越。这样的跨越，来自于领导者能够深入企业的执行流程中。

然而，这样的真理并没有得到众人的普遍认识和接受，因为很多领导者已经习惯于将自己的领导环节和整个组织中其他环节相互对立，他们认为，商业领导者想要集中精力，进行对决策和战略的思考，就必须要将那些落实的任务丢给下属，并确保自己能够从烦琐的具体执行流程中脱离出来。然而，正是这样的误解，让领导者的自我工作环节成为了整个组织生态系统中的脱离部分，因而只能收到经过每个层级系统过滤之后的信息。而更为严重的后果是，组织的领导者最后全面临两种选择，要么是走向脱离，要么就是只会从事单一的具体事务而不得要领。

其实，这样的误解会导致企业执行力的降低。组织的领导者应该集中精力和时间，去思考和决策那些关乎战略的重要问题，这一点毋庸置疑，但问题在于，组织领导者如果想要获得真正明智的领导决策，必须真正深入企业的实际工作流程，了解企业的内外状况，而组织领导者深入企业工作流程去把握全局之后，也就自然会从实际的工作事务中摆脱开，以获得更高的工作目标。这种立足于现实，并汇报组织运行现实的企业领导者，才是提高整个企业执行效率的催化剂，他们能够让整个组织团队更加真实地面对现实，并且将整个组织团队积极催化，让他们更加敏感地面对现实状况，并能够做出迅速有效的反应，这样的组织会通过内部的有效对话，反复修正执行目标和流程，不断接近成功。

与此相反，如果一家企业的组织领导者缺乏真正务实的作风，总是沉溺于空想之中，那么，这家企业的员工注定缺乏务实的执行态度。当这家组织企业在和其他竞争对手进行竞争时，就会处于劣势。这是因为组织领导者不够脚踏实地，无法真正静下心来面对工作，面对执行，导致效率低下、执行低下，出现团队执行业绩上的巨大差距，最终导致企业变得不堪一击。

诚然，我们不能将企业的所有失败命运都归结于组织领导者缺乏务实的精神上，但是，缺乏务实的执行领导态度，至少是导致企业执行力低下的主要原因。如果从领导开始，每个员工的务实精神都相对较差，那么这样的累积之下，就会加大整个企业同其他竞争对手之间的差距。

另外，对领导者个人来说，务实才是成就领导事业的基础。无论你在哪个行业中从事什么样的具体领导工作，必须秉持踏实敬业的态度，努力做好自己的本职领导工作，而并非完全将工作寄托在“空想”和“设计”之上。你应该根据现实需要，不断进行锻炼，提高自身对执行领导的能力，积累宝贵的工作经验，这样才能让自己成为组织所需要的人才，并确保自己不断发展，取得应有的成功。

某次，希望集团的总裁刘永行去韩国参访，接待方安排他去一家普通的面粉企业参观，但正是这次参观，对他的刺激很大，让他回国之后连续几个晚上都难以安眠。

这是一家属于西杰集团的面粉厂，拥有66名员工，每天处理小麦1500吨。这家只有几十名员工的小企业，却有着这样高的生产效率，让刘永行不得不惊叹。须知，在中国，这样规模的小企业，每天生产能力只有数百吨，而员工人数却可能高达几百人。而希望集团的生产效率相对国内其他同行企业算是比较高了，每天生产250吨面粉的企业，一共也只有七八十名员工，每天的生产能力却只有这家韩国工厂的1/6。

为了破解其中的原因，刘永行和韩国企业的管理层进行了深入的沟通，在沟通中，他发现，这家企业曾经在中国内蒙古的乌兰浩特投资办过厂。当时，这家企业的日生产能力为250吨面粉，而员工人数却高达155人。同样的企业投资方，同样的机器设备，只是因为设在中国和韩国的不同，生产效率居然相差十倍，执行效率更是有天壤之别。因此，在磨合一段时间之后，韩国投资方觉得缺乏改善可能，就直接将工厂关闭了。

究竟什么原因使得两家企业的执行效率有着如此大的差别？刘永行向对方请教：“为什么设在中国的工厂需要雇用那么多员工？”对方的回答很含蓄：“也许是你们工作不务实吧。”

正是这样一句看似轻描淡写的话，却让刘永行回国之后无法安睡。他知道，对着一群中国企业家说这样的话，这位韩国企业家已经相当给面子了。但在这句话之外，一定包含着许多中国企业内部的领导问题。

的确，和韩国相比，不少中国领导者工作的风格和态度有着很大的差距。韩国人在工作中，无论是领导者还是基层员工，总是很难停下手脚，手头的工作做完之后，一定会安排其他工作——尤其是企业的领导者，如果他发现自己仅仅担任策划、指导工作比较空闲，那么就会安排其他工作，从而节省人力。然而，在中国的大部分企业中，不少领导认定自己应该做“务虚”的工作，例如制订计划、检查监督、反馈总结，就是不愿意真正去参与实际层面的执行工作，甚至不愿意去了解实际执行的效果，这样的企业的生产效率如何能不低下？

这样的问题，值得引起每一个企业执行的领导者思考。

此外，企业家在选择企业执行方向时的态度也很关键。不少企业的高管在选择企业下一步战略规划时，过于欣赏自己的“白日梦”，往往不切实际地要求企业在下一步发展工作中“求新”“求高”，但这样的做法并不一定能够带来企业的完整发展、执行效率的提高，而很可能让企业进入未知的领域，导致执行的低下。纵观企业发展的历史，浙江的许多民营企业之所以能够从小做到大，执行能力从低到高，正是因为其企业领导者和管理者的务实精神和态度：他们从不嫌弃传统产业，只要市场存在需要，就能够通过执行创造财富、增加企业利润。无论这些产品是服装、皮鞋、眼镜还是小家电、打火机等，都是他们务实执行的对象。

管理学家法约尔说过这样一句话：“领导者要懂得牺牲自己的虚荣心，从而满足下属的虚荣心。”归根结底，绝大多数存有过多幻想的执行领导者，都是因为过多追求个人的成功辉煌，而失去了自己对实际情况的了解。“务实”就是追求执行的实效，消除规划中的盲目因素和形式主义，不做表面文章。而一个成熟的领导者务实应当是自然而然的，他们会对任何领导工作都落到实处、抓准关键，结合实际情况去领导、针对实际情况做工作。这样的领导才会要求下属说实话、办实事、求得实际的执行效率。这样的领导力，才是务实的执行领导力。

下面是帮助领导者提高执行领导力的方法。

1. 拒绝“赶时髦”的领导心态

某些企业领导者不分青红皂白，习惯于“拍脑袋”想问题，经常听到什么新的管理理论甚至只是个名词，就跟随风潮，想要通过这样的方法提高组织的执行力。这种企业实际上无论在中外环境下都不少见。不少企业在墙上挂着体现企业宗旨的标语，写着管理教科书上的经典格言，但这些观点并不一定具体适用于企业本身。

企业组织执行力的提高，是一个系统化的过程。在这样的过程中，企业领导者发挥的工作效果需要充分吻合企业的一致性和完整性，应该对企业的功能和资源进行重新整合。因此，组织领导者不能盲目“赶时髦”，否则有可能因为这样的胡乱调整，而破坏企业组织原有执行力的一致性和完整性，进而导致管理效率的下降。也就是说，对企业组织的领导，更需要符合实际，而不是符合理论，更不是符合“时髦”。这就需要组织领导者认识到每个企业组织的不同特点，认识到不可能有一种能够“包治百病”的执行领导方式。因此，他们必须要能够根据企业现有文化、市场定位，对企业的执行力进行符合实际的改造与加工。这同时还要求企业的领导者有足够的勇气去评估企业执行力方面的现状，能够果断冷静地分析主客观环境因素，并寻找可行方案。同时，他们还应该根据企业文化的现有水平、市场竞争状况，对领导方案进行符合实际的改造与加工。

2. 抓住领导企业的基本目标

无论领导者在做出怎样的决策、采取怎样的行动时，都应该将企业的长远利益作为基本目标进行把握。虽然企业同时存在不少其他方面的利益，如员工对企业的满意度、企业对社会作出的贡献等，但这些显然并不是领导者应该持续关注的最重要、最基本的目标。同时，企业还存在着短期的利润目标，但组织领导者如果不能将自己的眼光放长远，其具体的领导工作就很难真正激励员工，也无法确保员工能够清楚地了解企业的发展状态和未来情况。

3. 企业领导者应该建立务实的组织结构，并运用正确的管理艺术

企业所需要的组织结构，并非符合企业领导者个人工作需求的框架，而是应该着眼于目前，并能够满足当下和长远需要的结构。这种结构既不应该滞后于现实需要，也不应该只是为未来的愿景服务。反之，最佳的组织和管理结构，应该帮助所有人看到现在的企业情况，并能够建立未来愿景，这样才能让员工着眼于各自的当下目标和未来发展，朝着执行力提高的方向前进。

提升秘密 8

执行不是一个人的事，你还有团队

管理大师彼得·德鲁克说过：“企业的成功，依靠的是团队而并非个人。”对于企业领导者来说，他们更应该看到的是，在这个竞争激烈的市场和社会中，作为个体的人，如果仅仅依靠自己的力量是无法取得成功的，而领导者则更应该依靠团队力量、员工智慧，才能让

企业处于不败之地。

一个人永远无法打造出一个成功的企业，同样，执行效率的提高，必须要依靠团队力量。不仅如此，这个团队的成员，应该是各领域的杰出员工，在共同的努力下，才能将企业做好。然而，事实上有不少企业的领导或执行团队，并不是由真正优秀的员工组成的，而是由领导愿意信任的“心腹”组成的。这样的现状包含着主客观两方面的因素，作为领导，经常会觉得有才能的员工不好管理、不好监督，反而会在执行过程中给自己的领导带来麻烦，更为严重的还有可能影响到自己的领导地位。因此，部分领导既相信自己的能力，又相信那些缺乏才能但便于管理的员工，却没有意识到，执行过程中，如果没有一支素质出色、能够真正工作的团队，是很难提高执行效率的。

田中雅子是日本知名企业优衣库的中层经理人，在她的工作经历中，曾经有这样一个项目让她记忆犹新：

当时，田中在财务部的工作任务，是解决财务工作让员工执行效率降低的问题，这也是整个财务部的老大难问题。当时，恰逢公布公司的第四季度决算，再加上公司对其他企业的兼并、收购以及向海外的不断发展，因此，企业对于财务部门有着更高的速度标准和专业水平标准的要求。

但是，田中发现，当时整个财务部门的实际情况却并不尽如人意。不少员工还没有相关的资格，或者缺乏相关的管理会计、综合会计等工作技能。当务之急，她不得不马上提高员工的技术水平，这是作为部门领导者必须解决的问题。

然而，从企业和部门的角度来看，成本预算上没有为员工提供教育进修经费的空间，而从员工自己的工作量上来看，也没有办法再抽出时间去单独进修。

田中雅子认为，想要解决这样的问题，单靠自己的力量是不够的，她想到的办法是动员自己所能想到的员工，成立“寺子屋”（即江户时代起日本寺院所设立的私塾）互助学习联盟，这样，员工不用花一分钱，就能进入提高自己业务水平的平台。

在这个部门的互助学习平台中，最重要的目标就是通过会计资格考试。为此，由部门和公司中已经获得了相关会计资格的员工，对未获得资格证的员工进行初级、中级和高级水平的学习班授课。另外，田中还建议公司设立制度，即所有学习教材费用、文具费用和资格考试费用，都暂时由员工自己负担，而如果考试通过之后，就由公司来为员工报销这笔费用。

一开始，田中很担心财务部门的员工平时已经工作很繁忙，现在是否会加入这样的“寺子屋”，没想到，当这个提案向员工提出之后，几乎所有的人都表示愿意参加提升自己的资格，而且都精神百倍地开始了专业资格的学习。同时，那些有幸被挑选成为课程讲师的人，也兴致高涨。

由于启动了这样的学习平台，员工在一起学习的动力转换成了工作的主动性，部门中所有的工作都自然而然地运转起来，执行效率显著提高：那些被挑选成为讲师的员工感到充分的成就感；那些参加学习的员工，以前随着企业发展壮大，经常会感到自己专业水平不够，而加入这样的学习组织，原有的不安都消失了。对于整个部门乃至企业来说，这样的平台成为了提升自己的机会。

很快，除了财务部门以外，其他部门的员工也开始来到“寺子屋”学习会计知识，这让田中感到很是高兴。通过这次项目运作，她领悟到了新的管理工作方法：与其抱怨自己没有领导的时间、没有足够的人手、没有丰厚的成本，导致自己在提高组织执行力的路途上精疲力竭而于事无补，还不如利用好团队的力量，激发员工的自主性，这样，才能让执行工作朝向好的方向发展，进入良性循环。同样，组织的领导者能够看到有员工非常赞成并且帮助自己，而这对他们的个人事业发展也是非常有益的。

在很大程度上来说，领导者只有实现了团队执行力的提高，才能带来个人执行力的提高。虽然领导者作为个人打造职场形象、领导魅力都是必要的，然而，过多的个人主义将会限制你的领导能力，并影响你的职业成就。由此，组织的领导者应该得到这样的启示：在工作中，不仅要关注自己的领导行动，更要将所领导的组织和团队的员工、团队的目标放在首位，正确处理好两者的关系。

这样的要求具体表现在以下几个方面。

1. 领导者要站在更高层面建设团队

在企业组织的管理中，企业领导应该善于建设团队，为员工营造出必要的工作环境，并不断通过不同方法，提高员工的团队意识，从而使得员工明确团队的重要性。同时，领导者还应该加强组织的凝聚力，提供给员工安全的依靠。在做这样的建设工作时，领导者自己也将学会不断地依靠员工、依靠团队。这样，领导者对团队的建设，就不仅仅是管理好员工等人力资源那么简单，而是为提高执行力打造出厚实的土壤。

2. 企业领导者应该摒弃独断的工作倾向

不少企业的领导者——尤其是那些依靠个人能力打拼事业的老

板——他们很可能有着很强的个人英雄主义。因此，当他们处理和执行有关的问题时，常常显得比较独断，并不在乎甚至根本不考虑团队中其他员工的看法。这样的工作习惯最终会形成他们的工作性格，使得他们将员工的意见丢掷一边，久而久之，员工就算内心有想法，也不会再提出任何对企业发展有益的意见与建议。而当领导者自己遇到了思维的瓶颈时，再向员工要方案是得不到答案的，因为员工已经习惯了、机械地按照老板的想法去工作，而不会真正地用思考去执行。

为了预防这样的问题，企业领导者应该发扬企业民主精神，多在不同层面、部门和团队中组织下属讨论，请他们发表意见，重视他们的看法。这样的讨论不一定很快出现提升执行力的效果，但是有利于促进员工的思考，建设有凝聚力的团队，并获得未来的胜利。

3. 领导者应该学会使用员工的个人力量

这种使用实际上是一种借用的技巧，是手段而并非目的。但是，正是因为领导者对员工力量使用的方法和目的不同，才对团队产生了不同的影响方式和效果。因此，组织领导者应该学会掌握并运用外力，采取辩证管理的方法，区分员工的优点和缺点，从而将团队中有用的东西做到为我所用。

为此，领导者在借用团队力量时，应该注意做到以下几点：

第一，省力。领导者应该真正掌握员工的能力特长，能够依靠员工或者借助员工的力量实现目标，这样，比起仅仅依靠自己或者追随自己员工的力量会有更高效率，更能够省时省力，并通过较小的代价，获得较高的利益。

第二，互利性。领导者可以通过借用员工的能力来解决在提高组织执行力上的难题。这种借用不仅仅是运用团队中员工的工作能力，还可以通过发挥他们的影响力、人际关系等，为提高组织执行力的过程提供应有的资源。当然，在借助外力的过程中，领导者不能只看到自己的利益，更不能将组织分为小集团，导致损害员工利益的现象出现。应该做到互惠互利、合理公正地兼顾员工利益和组织利益。

第三，发挥个性。对员工能力的运用，应该是从其个性出发。领导者总希望出现那些完美的万能员工来迅速提高团队执行力，但这是不可能的。因此，领导者必须要分析员工的特点和个性，利用其不同的优点针对不同的工作领域做到因人制宜、因时制宜、因事制宜，从不同侧面推动组织执行力的发展，同时又不会导致任何员工在其中所能发挥的重要角色被遗漏。

总体上来说，领导者对组织执行所采取的活动，实际上是领导个人和组织、团队中其他所有人、所有关系的相互作用。这种作用不可能是单向的，领导者必须要学会运用任何方面的力量，完成预定目标，做出更加卓越的成绩。

执行密码三

精益求精

破译执行关键：

《论语·学而》一书中说道："《诗》云'如切如磋，如琢如磨'，其斯之谓与？"宋代朱熹又做了这样的批注："言治骨角者，既切之而复磋之；治玉石者，既琢之而复磨之；治之已精，而益求其精也。"古人很清楚，做一件事要想获得最好的效果，就必须精益求精。现代企业又何尝不是呢？每个决策在执行中都会有多个角度、多种方案和多条途径，领导者要做的就是在执行前期、中期、后期，通过仔细比较和甄别，找到执行的最佳结合点，确保执行结果的高效。

密码解读

精益求精是高效执行的根本态度

当今时代，信息如浪潮般席卷而来，社会变化气象万千、日新月异。作为企业中的领导者，承担着比普通员工更为重要的责任，也理应有着比他们更为深远的工作理念、更为完备的工作态度。否则，稍有不慎，就会导致整个团队失去有利的战绩，而和成功失之交臂，最终导致企业和自己都成为失败者。

想要获得执行的成功，想要通过执行来让企业获得更加灿烂美好的明天，就需要在执行中力求完美，而完美执行的关键，就在于将企业中任何和执行有关的事情做到**精益求精**。

什么是精益求精？从字面上解释，“**益**”就是**更加**的意思——越是看起来完美，越需要更加的追求完美。正如管理学家莫克顿曾经说过的那样：“执行力就是要求每个员工在其工作的每个阶段都做到一丝不苟。”企业想要在市场经济的自由竞争中获得并永远保持领先的地位，就需要管理者带领每一名员工共同努力，在执行过程中做到精益求精——无止境地追求工作结果的高品质。

对于企业员工来说，精益求精是完成好自己手中工作的每个步骤；对于企业管理者来说，精益求精就是完善自己管理工作中的每个细节。而管理者是否真正做到了精益求精，最好的衡量方法就是观察他们是否为下属制定出了与之相适应的工作标准和规范，同时，管理者是否能够将这种标准和规范加以严格地操作与落实。

如今，越来越多的企业崇尚标准化管理，如各种制度、规则、规范，实际上就是对每一个工作细节的量化，这种对执行过程中细节的重视、细节的完善，成为管理者的工作理念，并逐渐将精益求精的精神渗透到执行中去。

的确，工作中的细节决定工作整体的成功，但是，也可能因为这些细节而导致工作全盘皆输。因此，执行过程必须强调精益求精，做到对一丝一毫的问题都不能放过，要在执行过程中每分每秒都追求精确，因为差距往往就在那些不经意的细枝末节上，在那些似乎不需要令人深究的毫微问题中。

很多企业管理者都有这样的管理经验：一些看起来并不算重要的工作，这个员工能做，其他的员工也能做，但做出来的影响和效果却有着千差万别。究其原因，往往来自于细节上是否追求精益求精。如果管理者只能看到员工是否完成，而看不到他们完成的细节，或者不愿意将细节当成管理的重点，就很可能影响到员工对工作缺乏真诚的态度。

反之，如果强调执行中的精益求精，那么，即使是原本处于市场中弱势的竞争者，也很可能反败为胜、登上王位。

说起丰田汽车，我们常常能想到一句在中国传统文化意识下看起来略带狂傲的广告语："有路就有丰田车。"但是，如果你真的了解丰田汽车，那么就会觉得丰田人的这种自信并非完全无凭无据，他们有这样的底气，正是源自于其执行过程中的精益求精。

丰田汽车的高管曾经说过这样一段话："在丰田，最艰苦的工作并不是对汽车技术的研发和创新，而是在生产流程中一根绳索的摆放问题。这根绳索要做到不高不矮、不偏不斜，毫无任何偏差地在技术工人操作时能够悬吊在流水线上。”

这段话彰显了丰田汽车所追求的执行态度，那就是丰田将精益求精的精神坚决注入其生产经营中的不同细节。这也才有了丰田后来的辉煌。

美国，对于全世界汽车业来说，都是曾经遥不可及的国度，这里是汽车业最早开始、最发达、最重要、竞争最激烈的地方，想要在这个市场中获得一席之地，曾经是其他国家汽车公司的奢望。但丰田汽车公司做到了。

1957 年，丰田汽车进入美国市场，第一批两辆皇冠车出现在加利福尼亚州以后，受到了当地媒体的广泛关注，不少消费者都开始咨询到哪里才能够买到日本汽车。然而，这种刚刚点燃的市场温度很快就下降了，丰田汽车在细节上不适应美国市场的缺点完全暴露出来：日本的马路狭窄，丰田车跑起来得心应手，然而，在美国，路况要好得多，结果，丰田汽车时速一超过 80 公里，就显得力不从心；同时，丰田汽车在价格上和其他竞争对手比起来，也缺乏真正的优势。

最终，整个美国只有 5 家代理商愿意代理丰田车，而整个销售年度内，丰田一共才销售不到 300 辆轿车。到了 1960 年，丰田不得不决定停止进军美国市场。

这一次失败给了丰田从上至管理者到下属员工很大的教训，丰田的管理者开始从执行过程中寻求突破。他们开始对丰田公司在美国的代理商、顾客进行潜行调查，同时研究其他竞争对手在美国的业务活动，希望能够从中找到缺口，打开市场。在这样的执行过程中，日本人特有的那种精益求精的特点被发挥得淋漓尽致。

1990年，丰田专门派出一位员工，以留学学习英语为名，到一家普通的美国人家居住生活。有人发现，这个日本人除了学习时间外，每天都对美国人的生活做笔记，包括他们吃什么食物、聊天话题、听的音乐、看的电视、出去玩的范围和时间等，都一一详尽记录下来。三个月之后，日本人客气地回国了。此后不久，丰田公司就根据他的记录加以整理，设计出了完全符合当时美国家庭需求的旅行车，这款旅行车价廉物美，受到美国人的广泛欢迎，尤其是在其车内的细节设计中完全贴合美国消费者的需求。例如，美国年轻人当时喜欢喝玻璃瓶装的冷饮，而并非纸盒装的饮料，于是，丰田的设计师就根据那名“间谍”员工的记录，而专门设计出了能够在车内妥善冷藏放置玻璃瓶的柜子……直到这款车在美国推出，丰田公司才将这次“间谍”行动公之于世，并向那家人致以歉意，同时表示感谢。

同样，在生产中，丰田汽车也强调执行的精益求精方式。丰田的生产方式可以归纳为“在需要的时候，按需要的量，生产所需要的产品”。仔细加以研究，可以发现，这种生产方式，就是对追求精益求精目标的执行方式。

在丰田的流水线上，每项工作任务的工作量都相当均衡，这样，不同的任务在时间上、工作量上都完全相等，可以保证工序中的每名员工能够同时完成其任务。而当其中某个工作环节出现问题时，操作者会立即按下报警按钮，一个电子板会自动闪亮，向其他相关人员提示故障的岗位和时间，而其他员工在这样的提示下会立即前来帮助修理。在每一班次工作结束后，电子板都会对发生的故障和原因加以总结。这些问题就会成为项目改进的重点。

对执行细节的孜孜不倦，成就了丰田汽车公司独特的优良生产方式，也帮助他们在日后回归美国市场，并几乎给美国汽车三大巨头带来了致命的冲击，甚至夺走了美国多年的汽车第一生产国的地位。可见，执行的精益求精意识，可以改变一个产品、一个流程乃至于一家企业。

那么，怎样在管理中让执行做到精益求精？

1. 管理者要学会改变自己的思想理念

管理者应在价值观上对精益求精加以重塑，改变只看到整体不愿意看局部、只愿意看眼前不愿意看未来、只愿意看全部不愿意看细节的管理态度，而要培养自己既要学会从自身的领导角色出发去看待整个企业的工作，同时也要学会从企业中基层员工的角色出发去看待每一个工作环节、每一个流程任务，学会对后者的工作意义真正重视和尊重。这样，执行精益求精的思想基础才能得以打造。

2. 想要做到精益求精，就要对实际管理工作消化吸收

这样才能给企业的实际生产活动、服务活动带来改变。例如，制造企业的管理者应该不满足于现有的生产效率，而是要组织人力对目前的工作顺序、工作时间加以测算，并在真实数据的基础上分析出其中的问题，对工作流程进行不断完善，消除工作环节之间的等候时间，做到生产过程中不停滞、不堆积。

3. 执行的精益求精，必须做到管理上的持之以恒

精益求精意味着管理者在管理工作中高度集中的注意力，这种注

意力需要形成制度上的保证，从而确保员工在任何情况下都能同样保持其各自应有的注意力，才能防止差错，并在细节上长期把握、创造出良好的业绩。同样，持之以恒的管理态度还应该表现在对习惯的打造上，管理者既要养成自身良好的万无一失的习惯，同时，也要引导和培育下属的工作习惯，要求他们积极检查工作是否有漏洞和差错。

总之，精益求精是执行过程中必不可少的工作态度，通过自身的努力，成为精益求精的管理者，将给企业和员工的成长都带来强大的动力。

提升秘密 1

“如切如磋，如琢如磨”

即使你只是一个新的领导者，你也很容易对自己所领导的团队产生深远的影响。或许作为领导者个人，你会觉得这样的说法言过其实。但事实上，站在领导岗位上，你对待执行的态度，既有可能鼓励组织的团队成员带领他们走向成功，也有可能因为缺乏足够的精益求精的精神，而将不良因素带入对组织和团队的影响中，将团队变得四分五裂。究竟如何影响团队，关键在于你是怎样看待对团队细节工作的管理上。

任何一个组织执行力的提高，都可以分解为不同的细节，而不同的细节是否能够严格执行，并变成整个组织团队的习惯，决定了执行力提高的速度。因此，**一个组织只有从领导者的管理开始，不断在细节上讲究精益求精，做到“如切如磋、如琢如磨”，才能真正从根本上提高执行的效率。**

然而，对于不少组织管理者而言，目前对细节的管理似乎已经不再是那种看起来“新潮”的管理话题了。目前的企业领导者都更加看重“战略管理方向”“商业模式”等。诚然，这些方向的工作是重要的。但如果仅仅注意这些方向，真正的工作离实际执行力太远，那么，最终的结果不是组织真实的需求被掩藏起来，就是已经在市场上被证明失败。

即使那些具有极强创造力、领导魅力的管理者，同样关心执行的细节，正如乔布斯所说：“关注产品细节的 CEO，才是真正的好 CEO。”

乔布斯非常关注细节，他经常会带领员工在电脑屏幕前将设计放大到像素单位，并以极高的标准去要求这些设计水平。他曾经告诉团队中的员工：“你应该将图标做到想让我去舔一舔。”而那些因为细节被他批评、处罚甚至解雇的员工，则更是多到不可胜数。虽然乔布斯在其性格、做人方面毁誉参半，但是，没有任何人否认他是能够激活整个组织和团队执行力的天才领导者，而这种天才，并不在于他能够将所有工作从一开始就在大方向上设计好，而是在不同层次的执行过程中，能够不断对战略规划实现步骤的细节进行推敲。在这样的反复琢磨推敲中，才能真正做到对执行目标的明确、对客户需求的引导和掌握。反之，那些曾经看似庞大的企业，其战略规划本身无懈可击，而产品质量也并没有什么缺点，但正因为在执行细节上缺乏足够的琢磨思考，结果总是显得离实际需求慢了半拍，导致执行效率的降低。

其实，对细节的看重，不仅造就了领导者个人的辉煌。对于现代企业的发展需求来看，更应该重视“如切如磋，如琢如磨”的氛围打造。在企业管理领域中，同样存在着“蝴蝶效应”，即企业执行过程中，一个细微的工作、一个微小的步骤，都可能带来重大改变。那些看上去不经意的变化，都和企业组织这样的大集体业绩有着内在的逻辑关系。而作为企业领导者，则在身体力行对细节的重视，更应该注意通过制度的建设、结构的搭建和领导能力的发挥，明确对细节管理的重要性。例如，屈臣氏的领导者在对企业的细节管理方面，就给出了充分的重视，下面是他们具体的管理重点。

屈臣氏曾经组织过这样的调查，在客户购物的体验中，最担心的是排长队等待付款。屈臣氏的主要客户是白领阶层，他们更讲究效率，为了应对这样的需求，屈臣氏的领导者规定，收银员和等待付款顾客的数量比例应该永远在1:4，于是，在收银台前，一旦出现超过了五个顾客排队埋单的情况，收银员就按照规定，呼叫其他员工及时帮忙。而店内其他员工不论手头在忙什么，都必须在第一时间内赶到呼叫的收银台，迅速解决收银排队的问题。为了保证技术上做到这一点，进入屈臣氏工作的所有员工都必须充分熟悉操作收银机。

另外，屈臣氏收银机在细节布置上也很有特点。例如，屈臣氏经常举行商品销售比赛活动，这些销售的商品都被陈列在收银机附近；而在付款排队处附近，则陈列着轻便的商品，如糖果、口香糖等能够激发客户购买欲望的商品；而在收银台背后，陈列的则是能够吸引客户眼球的贵重商品。

在屈臣氏的商品价格标签上，该企业的领导也有着和其他超市并不完全相同的设计。例如，在个人护理用品专柜，能够发现有两种颜色的价格标签，分别是黄色和绿色。其中，黄色的标签代表的商品是正在促销的，而绿色标签代表的商品则是正常售价的。除了颜色之外，还标上了字母 R 和 W，R 代表的是产品长期促销，而 W 代表的则是当时促销。另外，在标签上还有一组较小的日期，这是超市对本商品促销价执行日期的标注，引导销售员的工作。

走进屈臣氏的办公室，你会发现，几乎所有店面的办公室布置都是一致的。而这样的一致不仅仅是员工自身的要求，更来源于屈臣氏对办公室的布置、物品的摆放等细节要求，在这方面屈臣氏领导甚至对每个文件摆放在怎样的位置都有具体的规定。例如，在办公室中，除了摆放贵重物品的、可以上锁的柜子，其他柜子中间不能存放其他任何商品。对于办公室文件管理，屈臣氏更有一套完善标准，在其办公室的墙上，设有七个挂钉，这些挂钉都必须按照规定挂上七种日常管理常用的文件资料，并确保员工能够查找和使用。在仓库中，则专门设置一张桌子，上面有 12 个文件夹，按照颜色分类，里面分别装有员工日常使用的不同需求的文件。

从屈臣氏对日常执行的细节管理中，我们看到，一个企业、一个组织或者团队，提供的并不完全是其产品和服务的品质，而是通过细节上的执行到位，将产品和服务的品质延伸到客户的心中。

从很大程度上来说，执行的过程，就是对工作行为不断深入研究、不断进行细化的过程。这样的过程，对于组织和团队而言，是执行力的提高；对于其中的员工来说，是个人能力的发挥，是按时、按质、按量完成工作任务；而对于组织和团队的领导者而言，就是在预定时间内带领下属去完成企业预定目标的过程。

因此，领导者必须实现下面的原则，以正确的工作态度执行管理。

1. 要将目标细化到每个员工都能明确的程度

很多时候，管理者指责员工对工作做得不够细致，实际上，这并不仅仅是员工的责任，也在于领导者面对工作目标没有采取切磋、琢磨的心态。其实，领导者要从员工角度、从客户角度以及从整个企业角度来分解目标，然后再将目标合适地安排到不同层面、不同岗位上。这样，组织和团队中的下属才能对目标做到了然于心，并能够服从目标、服从变化和服从领导。这样的管理态度和方法，才能真正影响到每个员工。

2. 应该制订细致的执行计划

仅仅依靠大致的目标和计划，谈不上做到对执行精益求精。这就需要领导者将目标作为方向来落实，并采取恰当的方式来达成目标，推动工作。更深层次的原因在于，不同岗位的员工，在理解和执行的能力上都不一样，因此，他们在工作的过程中很容易对计划产生偏差。为此，领导者就更需要通过制订出实际、细致的计划，形成可以确保人人理解的方案，使得员工按照整体计划开展工作。同时，在对组织的管理中，仅仅依靠口头沟通的方式，也是无法确保目标能够精益求精地落实到位的，这样的沟通也不便于跟踪监督管理，鉴于此，有必要围绕每个目标形成细致到位的书面方案，这样才能做到对员工执行过程的规范。

3. 在监督过程中，应该做到精细准确

众所周知，在对执行的领导过程中，监督工作是相当重要的。即使能力超强的员工，如果失去了执行过程中到位的跟踪和监控，他们也有可能疏忽甚至偷懒。因此，及时准确地跟踪执行结果，用严谨的态度对执行的即时结果进行反馈和总结，用犹如科学家对实验结果的重视来看待执行结果，是提高对执行力管理水平的有效手段。例如，企业领导可以对一线员工进行日常的监督随机的抽查，从出勤率、任务完成率、产品质量合格率、团队工作完成状况等多方面进行检查，这样才能更加细致地促进执行力在每一个领域、每一个任务中效果的提升。当然，除了监督，还需要有科学的考核评估。在考评过程中，应当着眼于不同员工、不同岗位之间的差别，并关注他们在执行中遇到的细节差异，这样才能营造出公平的执行环节，确保每个员工从中都能得到应有的回报。因此，在考评过程中，领导者不应该过分强调其中某一个人、某一个团队或者某一个工作项目的影响，而要充分考虑每个员工面对的工作细节，找到他们的成长和贡献，尤其在细节上，应该注意维持组织和团队中的平衡。例如，当整个企业或部门的业绩得到肯定之后，所有参与执行的员工都应该享受到赢得的奖励政策，而对于其中贡献较为突出的员工，则应该获得和其贡献相符合的奖励。这样，考核评估才算落实到细节程度，监督管理才能起到应有的作用。

提升秘密 2

检查执行政策是否完全到位

对于企业的领导者而言，在执行政策被确定之后，并非代表决策工作已经完毕。在很大程度上，这只是执行政策的开始。接下来如何确保政策被执行到位，依然是非常关键的部分。这样的道理就如同水开始沸腾后并不一定就达到100℃，即使差1℃，从科学上而言也不是开水一样。**没有真正通过检查，确保执行政策能够充分到位，这样的政策必然会失败。**

一家制药公司就在经营过程中出现了这样的问题，新任命的CEO经过考察、思考后得出结论，公司的整体结构、产品组成和服务组合，需要重新进行设计。对于这样的提议，管理团队首先表示了赞同，他们的确认为企业中一些表现不佳的产品种类、收益不佳的机构部门，应该被予以迅速剥离。此后，企业的董事会经过讨论，认为管理层表现的态度相当统一，于是也表示了同意。然而，有一些人发现，除了在对企业的战略重新定位是否必要这一方面值得商榷之外，整个企业的管理团队成员也并不完全都相信他们表面上所支持的政策。例如，一些董事会成员曾经和董事长私下进行过讨论，但是并没有获得什么结果。而在后来的一些会议中，曾经有某些部门的经理试图提出对政策的重新思考和架构，但是董事长并没有同意。

在随后的几个月中，CEO发现，在企业高层管理团队中，那些原本存在的不满情绪开始慢慢浮出水面。一些关键部门的业务主管、相关服务部门的经理，在公司会议上对CEO的政策进行挑战。接下来，有两名重要经理高调宣布辞职，导致整个企业上下都开始猜测企业的高层管理团队已经分裂并可能将要陷入困境。

最新任命的市场营销经理宣布，企业原本的品牌、定价战略和现实并不符合，事情变得更加明显了，董事会成员开始表达对政策的怀疑，对CEO能力的担忧，他们还担心管理层的裂痕有可能扩散到媒体手中，给企业的信誉带来影响。虽然如此，董事长还是选择支持CEO。但在一次董事会会议之前的晚餐上，对政策怀疑的情绪还是出现了——企业最资深的独立董事再一次提出了对政策的怀疑问题，并认为目前政策中有一部分是对企业产生危害，而与之前不同的是，他还提到了董事会为什么不对上述问题进行仔细讨论的事情。显然，他的这种不安已经相当明显地代表了董事会对政策的看法。

经过思考，董事长发现，这位独立董事的发言代表了一些情绪，这种信号说明，必须要对目前政策问题进行大范围讨论，而不再是对怀疑的压制。对 CEO 缺乏足够的信任、对新政策有所怀疑都不奇怪，而对董事会讨论方向的关注才说明问题的严重。

很快，董事长做出了积极的行动来改变自己的工作风格。他的风格变化得到了董事会其他成员的正面评价。董事会中原有的沉默开始消失。很多董事都对新的战略政策以及企业究竟如何运行下去投去关注和讨论。这样的讨论不仅带来更多具有建设意义的对话，也形成了对董事长的真正支持。

很快，董事会成员同意，董事长应该和 CEO 重新讨论目前正在推行的战略政策，并对 CEO 管理风格进行改变。董事长则向他们报告，说 CEO 依然相信自己的确在执行正确政策，并重申了其战略的意义。和之前不同，在有着对细节更为深入讨论的企业氛围中，这一次，董事会成员们更加心平气和地接受了 CEO 的政策和战略。原来对政策的质疑不复存在，新的执行过程正式顺利开始。

这样的案例并非个案。在利用负责执行过程的领导打造企业未来时，真正成熟理性的领导者展示的并不仅仅是他们在规划、理性和分析层面的能力，同样包括他们对细节的关怀、对企业氛围变动的敏感、对企业利益相关者感受和看法的尊重。尤其是当企业基层对政策的关注集中到企业高层管理者面前时，压制任何一种哪怕看起来细微的意见，都只会为未来政策的执行埋下定时炸弹一般的隐患。另外，对那些看似并不重要的意见不进行充分了解和检查就进行压制，虽然在表面上看来利于政策执行，但实际上带来的还是更大的伤害。更加糟糕的是，如果不观察细节问题，那么企业的高层管理者和其他更多的团队成员往往会产生实际上的看法分歧，高层管理者坚信政策是正确的，而团队成员认为是不对的，这样的分歧会将执行效率推向更低的水平线上。

企业政策的执行成功，本质上缘于两部分：对政策制定的过程、对政策实施的过程。

1. 企业管理者应该清楚怎样才能更加有效地制定出让下属接受、贯彻和执行的政策

以下步骤能够帮助你更好地制定政策。

第一，寻找整个企业所面临的真正问题是什么。在做出任何关于企业发展政策的决策之前，你应该首先问问自己，企业面临的根本问题是什么、哪些才是真正的问题。这是因为，你所认为的企业面临的问题，并不一定就是企业真正的问题，有可能只是表现出的具体现象或者症状。如果没有将问题弄清楚，将无法进行对政策的制定。

第二，必须充分考虑所有可以进行的政策方案，并针对这些方案考虑可能出现的结果。值得注意的是，企业的领导者不要在制定政策时仅仅做“是”或者“否”的选择，而是可以做更多政策制定方案之间的通融、影响和抉择。

第三，掌握更多应该知道的细节资讯。在规划政策之前，应该尽可能收集不同的有关资讯。这是因为政策制定应该有根有据，不妨利用5W1H的程序来确定具体能够影响到政策的细节，包括是什么、什

么原因、有谁做、在哪里进行、什么时间进行和怎样进行六个细节因素。这样，政策的制定将不再是盲目的，而是符合现实的。

第四，必须承认，无论做出怎样的政策决策，都存在不同程度的风险。因此，面对决策的风险，领导者应该充分考虑下面的细节问题：风险是否可以承担？风险能够带来怎样的利益？是否值得冒这种风险？

第五，为了制定好重大的政策，领导者必须要学会从细节考虑问题，应该将政策分解成不同的一连串的小决策，这样对于重大政策的制定有着更加实用的意义。通过分解决策过程，可以在制定重大政策的过程中，取得整个组织意见的平衡，并利用对细节问题的决策来观察并找到怎样形成重大的政策。

2. 在执行政策的过程中，精益求精的态度也能够帮助领导者赢得执行效率的提高，同时赢得整个组织和团队的尊重

当然，如何进行这样的工作，其中有着更多的技巧和艺术。

第一，结合现实，选择好正确的时机执行政策。绝大多数情况下，在制定政策并执行之前，领导者最好还是先选择好最佳的执行时期。通常来说，制定政策和执行政策之间时间间隔越长，这样的变化就越容易被员工所接受。因此，你应该在适当情况下选择时机公布政策并开始执行。通常来说，这个时机距离上次政策改变，应该有一定的“距离”：主观上，领导者需要有这样的缓冲时间来让自己深入思考，而客观上，这样的时间距离又能让你的新决策显得更加成熟。这样，在时间方面，你能够投入充分精力追求精益求精的程度，而其他员工则会由此对你所作出的新政策更加关心，并能够更加顺利地接受，而不会随便给出质疑。

第二，在执行中对员工给予充分的理由。在员工执行过程中，你

应该深入其工作实际过程，在对他们的执行过程进行管理、监督和引导的过程中，明确地向他们展现和列举出值得他们执行政策的理由。这些理由不仅仅是站在整个企业利益上的，也不应该只是出于你决策时候的考虑。例如，当员工询问某项工作为什么要树立目前的工作目标时，如果他们得到的回答是“因为董事会想这样”或者“我才是老板”这样的回答，那么，员工很难真正明确执行政策的理由。与此相反，领导者应该做的是先让自己清楚执行政策的理由，并进行有效分类、展现，然后再向员工进行细致的解释。

3. 想要让政策执行到位，企业领导者还需要一个优秀的政策制定和管理团队

人是影响政策执行到位的主要因素，想要让政策得到有效执行，首先要确保企业内的高层有着强有力而统一的政策制定和管理团队。整个团队中员工素质的好坏、能力的强弱以及工作态度的端正程度，将会直接影响到政策在执行过程中能力的发挥和体现。因此，政策制定和管理团队是执行政策水平的实质和核心，而加强领导团队的建设，是改善并提高执行政策、确保细节到位的重要工作。

提升秘密 3

判断执行方案是否科学合理

缺乏科学性的方案，即使制订出来，对于提升整体执行效率的意

义也是不足为道的。原因很简单：如果企业领导者交给员工一部新机器，却并不愿意将使用说明书交给他们，那么，员工自然无法使用好机器。

在企业的经营实践中，经常能够看到这样的情况：不少企业领导者经过看似严密的市场调查，然后制订出长达数以万字的执行方案。其中内容旁征博引，包括了大量市场的理论和实践，所引用的道理也是经过充分论述的，然而，当方案交给员工之后，这样的方案却让员工如坠云里雾中，甚至无法看出究竟要从怎样的部分入手。

与其说这样的方案制订方向有偏差，不如说方案的科学性不够、操作性不强。这种执行方案的大部分内容都是在描述总体趋势，罗列大量数据图表，并展望方案执行后能够带来怎样的结果，描绘出很好的未来蓝图。但是，在对方案的具体运作上却提及较少，包括通过怎样的手段、方法去执行方案，方案执行过程中应该规避怎样的风险、注意哪些问题等。因此，这种缺乏科学性的方案，并没有足够的实用意义，而在执行过程中，也会导致整体工作被破坏，效率被降低，和企业的初衷背离太多。

其实，执行不够精细、不够到位的原因，固然离不开战略规划阶段的问题。但是，方案是否具有真正的科学性，还在于这种执行方案是否真正具有充分的可操作性。**当方案具备科学性和操作性时，员工才能知道应该具体按照怎样的步骤去执行，并实现方案的预期结果。**

同时，有一些方案虽然具备理论上的可行性，但在实际工作中表现出的操作性还是不尽如人意，其中的原因主要在于方案中要求的内容很可能超出了员工现有的接受能力、工作素质，结果造成更多的员工失去了执行的信心和目标。也有可能是因为方案本身在制订时表达的意思内容不够具体，使用的语言并不精准清晰而导致。当然，方案制订过程过于烦琐、缺乏一定的灵活性，或者不具备必要的系统性而前后矛盾等问题，也是造成工作方案不够科学的原因。

方案对于执行的总体过程来说，只是一个大纲领。而具体想要让员工明确怎样才能执行到位，不应该总是说怎样办，而是应该向员工表明，他们到底应该怎样办。这样的内容就是方案的科学性和操作性。如果将执行方案化解成为简单、有序的操作步骤，那么，执行起来就能让员工得心应手。科学性和操作性越强，执行的效率也就越高。

在海尔，企业员工的执行效率之所以如此高，和海尔领导者强调方案的科学性和操作性紧密相关。这一点，通过海尔为员工颁发的《员工手册》就能略知一二。

在海尔的《员工手册》中，首先列举的是如何与人握手、怎样递名片、怎样迅速掌握工作的基本操作手段等。这样，员工就清楚自己究竟该如何先熟悉工作，并科学开始自己的执行。

在手册中，给人印象最深刻的，是员工每天必须进行反省的四个方面内容，包括为用户提供了哪些方面的增值；为企业带来了哪些方面的增值；个人的增值在哪里；应该避免和警惕哪些问题。

尤其在最后一点中，还进行了详细列举，包括：

第一，工作中自以为是的问题："我们已经比其他人要出色，出点问题没什么大不了""下属已经做好了，现在完全没问题了""这个问题我已经通报处罚，问题能够解决了""这个问题是××提供的，他是专门负责这件事情的，数据不会错的"。

第二，工作中的借口："我已经让下属安排好了""我现在太忙了，没时间管这件事情”“这个问题是××负责的，我并不清楚”“这个问题下属已经向我做出汇报了”“现在就是这种制度，我就得这样做”。

当然，海尔《员工手册》还提供了正面的方案内容，下面这段话就是其中最经典的部分：

“安排了，不等于听明白了，不等于记住了，不等于懂了，不等于认同了，不等于做了，不等于成为了真正的SBU（战略业务单元，即海尔对每个员工要求把握自己、经营自己，成为创新、自主经营的SBU）。”

海尔《员工手册》如同执行的普遍方案，这样的方案指导员工利用问题来对自身的工作做得是否到位进行检验，其科学性、细致性和操作性，能够让执行的效率得到迅速提升。其中，对于错误态度的列举和描述，可谓细致精确，告诉员工一旦在工作中产生这样的想法和言语时，就很可能进入了工作误区。相反，只有按照“不等于”之后的描述，才能让员工从真正的实际工作中明白，所做的工作怎样才算达到预期的目标，怎样才算执行到位，而并非交代下去，方案就能得到完成。

类似这样的执行方案，比起单纯在方案中交代理论，或者在实际工作中耳提面命要求员工应该怎样做却又不告诉员工具体步骤的方案，显然要简单明了许多，而可操作性也要强得多。

执行应该强调科学性和操作性，科学性并非来自理论，而是来自对现实问题解决的效果和程度。在执行方案中，告诉下属实际的操作方法，比起一味进行理论上的要求显然更具科学性，因为只有这样才会让员工真正懂得如何去做，而不是应该怎样做。

领导者若想令自己制订的执行方案科学而易于操作，应遵循以下几项原则。

首先，采取系统整体性原则。在对企业组织或团队全面情况进行深入调查研究并掌握全面情况的基础上，领导者应该将所有执行内容、岗位和工作要求，进行综合性的分析、全面性的平衡，并做到系统梳理。这样就能划分清楚层次，并整理清楚矛盾和问题脉络。这样，执行方案就会成为一个整体系统，能够做到没有或者尽量减少纰漏。

其次，在拟订方案的过程中，在方案的每一部分、每一条款中，都要尽量做到准确措辞、意义鲜明，无论其表述或者延伸，都应该做到明确无疑。其中，最忌讳的就是方案中提到的目的含混不清，或者模棱两可，语境歧义，这些都是制订执行方案的大问题。

再次，凡是被写入方案的目标，都应该进行充分科学而理性的可行性论证。这些论证应该关系到目标的不同细节方面，从不同角度和利益观察，应该兼顾企业的需要和实际的可能，做到既不保守，也不过分理想化。

另外，在方案中，指标的量化能够做到让竞争和考核变得更加顺利。除了少数实在难以量化的执行目标之外，凡是那些能够量化或者大部分能够量化的目标，都应该做到尽可能量化。量化并不意味着过于细致，而是在必要的程度上做到细致。这样，执行的目标就能够清楚可见而具体明确，不仅有利于员工执行，也利于领导层对员工的工作进行考核和评估。

与此同时，在对方案的科学性和操作性进行检查的同时，你应该重点对方案是否能够简单易行地实施进行充分考虑。这是因为任何方案都是同其实施过程充分联系在一起的，只有方案具有应有的简单易行特点，才能确保一定的效率。反之，当方案过于复杂时，员工实施起来就很可能容易犯错或者迷茫，导致成本过多投入，造成人力、财力和物力的浪费。因此，在制订方案时，绝不能只是满足于形式上的所谓“完美”，导致操作执行过程中的不便。

最后，想要让执行的方案充分具备应有的科学性，组织领导者还应该注意保持方案中的以下特点。

第一，方案应该表现出科学的体系。对执行的管理，也是对整个工作体系和模式的管理。想要让执行过程不断科学化，执行方案必须具有科学性。方案在体系上的科学性，表现出的特点就是整个方案能够符合执行的客观规律，从而尽量避免主观随意造成的盲目行动。

第二，方案应该具备规划上的超前性。这种超前，是指在制订方案的同时，应该就能将预见性表现在方案中。同时，执行管理的过程也是相当复杂的，情况和过程总是不断变化的。为此，在制订执行方案时，应该尽可能对未来的各种大小问题乃至于细节问题作出预测，发现其中可能出现的趋势和困难，制订好相应对策，从而避免执行方案时遇到的困难。

第三，配套统筹的原则。执行方案中总是会存在不同的体系，执行的责任、执行的措施和执行的评估考核体系，三个体系必须在制订方案过程中就能够充分统筹考虑。否则，三个体系就无法真正配套和统筹，并促使方案形成整体。这样，方案再好，也会因为三个体系彼此之间的消长影响，而导致整体方案难以获得应有的执行奏效结果。

第四，执行结果效益的原则。对执行制订方案进行管理，并不是方案本身的目的，而是对目的实现的手段。执行方案的目的，在于提高执行效率，而效率同样是制订方案的出发点和归宿。只有能够取得最佳执行效率的方案，才是最科学、最有效的方案。

提升秘密 4

检验执行流程是否简洁畅通

执行流程，是对执行力高低影响的关键性因素。**优秀的执行流程，因为简洁畅通的特点，能够做到有效地缩短执行的时间、简化执行的环节，并减少执行过程中的矛盾，从而提高执行的速度和效率。**

著名的戴尔公司之所以能够在美国计算机市场的残酷竞争中迅速发展，是因为其执行流程中运用的直销、按需生产等内容激发了企业的核心竞争力。这样的执行流程打造出了戴尔的独特优点，其中，直接接单生产、优异的执行流程等，令戴尔发挥出卓越执行能力。例如，按需生产，是指企业在接到客户的订单之后，才开始在流水线上生产，而和企业合作的零件供货商，则也是接单才生产。当供货商交货之后，戴尔才开始组装，并在最快时间内组装完成几小时内就运送出去。这样的执行流程，能够将接到订单到运送出产品的时间大大缩短，并保证戴尔和供货商的库存始终保持在最少。因此，和其他竞争对手相比，戴尔能够确保他们让客户在最短的时间内拿到最先进的电脑产品。

从戴尔的执行表现就可以看出，一个简洁流畅的执行流程有着充分的意义，将执行流程进行科学制定和优化，是确保执行效率并提高其科学性、操作性的重要原因。

执行流程如何设计，实际上代表了执行的途径，而其表现是否足够简洁，和执行工作的效率和执行力有着充分关系。当执行流程足够清晰、简明时，团队表现出的工作效率就足够高，这样，执行能力就强；反之，如果执行的流程过于烦琐，就意味着执行的途径过于复杂，这样，团队的执行工作就会陷入泥潭，效率就会降低，而执行力就比较差。

例如，企业面临的某项重大决策，在一个有着清晰简明的流程下的环境中执行，团队可能只需要十天左右就能够取得执行结果，而在一个复杂烦琐的执行流程下，有可能需要数个月甚至更长的时间。

又如，处理一份重要的文件，在执行途径清晰明确的企业组织中，有可能只需要三天就能够做出反应，而在执行途径模糊不清的企业组织中，可能需要数周才能得到结果。

因此，执行途径的优劣程度，深刻地制约并影响着渠道执行效果的高低，想要提高整个组织的执行力，企业领导者必须能够运用清晰简明、畅通的原则，为执行设计出合理的工作途径和衔接程序。

在提高执行途径质量的过程中，对执行的流程应该提出较高的要求。比如，执行流程应该获得量化，即制定流程的核心部分，从而确保执行流程的有效性，这样的方法是基本的和必要的。根据执行的标准，对执行现状和未来等期望进行充分量化，这样，领导者就能够确定执行途径运转的时间、执行途径完成的速度、执行途径的成本、执行途径所带来的收益等，对这些指标进行量化之后，能够有效地对执行途径的高低水平进行评估考核。

又如，执行的流程应该进行标准化设计，从而提高执行途径的质量。所谓标准化，是指对现状进行观察之后，通过设计标准流程，作为对目前执行环境的判定标准，从而达到对现状的改变、对效率的提高。这样的标准化设计，包括流程具体步骤的确定、对步骤采取何种方式来确定等。当然，对执行途径的标准化设计，并非一成不变，在相关执行流程进行一段时间之后，应对其进行有效分析，并做出改进。而将执行流程进行标准化设计，其好处在于能够按照执行的最好标准开展有效工作，从而避免组织执行过程中的盲目性，并减少那些因为在执行途径中缺乏标准而造成的执行力流失问题。

当然，在整体上对执行途径的优化，也必然包括对执行流程的优化。这是因为原有的执行途径中所包含的执行流程，很大程度上影响到整体执行的速度和工作效率。复杂的流程对于执行途径的破坏力，犹如复杂制度对于企业的影响，只会导致执行行动和速度的降低。因此，组织必须要简化流程，并对流程进行有效优化。流程优化的最终成果，将确保执行的机构得到调整，效率得到提高，快速完成执行流程。

例如，通过对执行流程优化，执行途径中的工作内容能够从单一变得更加综合。原本一些工作很可能由数名员工进行，而现在则可能集中到某一名员工手中。这样，执行的途径显得更加集中，对企业和客户更加有利，对于和客户的接触也更加有益。又如，减少对执行流程不必要的控制和检查，能够使原先被分割破坏的执行活动相互之间有更加紧密的联系，并简化执行途径，改变那些不必要的控制和检查所产生的负面影响。同时，在建立起新流程之后，企业的执行途径能够超越组织的界限而完成工作，其中，工作单位可以由职能部门变成更加集中的工作小组，这样，组织结构跟随执行途径的变化，而变得更加接近于扁平化，效率变得更高。

为了在工作中具体达到简化执行途径的效果，建议企业领导者可以利用下面的四个方法来推进执行途径的优化。

1. 采用 KISS 法则

所谓 KISS 法则，是指 Keep it Simple、Stupid（让事情简单、易懂）的方法。在执行过程中，任何事情都应该做到更加简单化，而任何原来比较难懂的内容，也应该变得更加浅显易懂。让工作任务变得简单易懂，是优化执行途径的重要法则。

例如，当领导者需要将难度较大的项目交给执行团队时，可以采用许多工作方法，将问题变成一个个可以实际解决的步骤，从而将一个难题分解成若干小问题。这样，执行途径就会变得简单轻松许多。

在第二次世界大战期间，通用公司接下了美军提供的一个国防任务，这个任务的难度相当高：通用公司被要求制造新型而高难度的投弹瞄准器，这个瞄准器首次使用了电子器材。通用的管理者清楚，这样的工作应该由技术高超的员工完成，但是，在战争期间，一般的工人都难以找到，更不用说那些技术水平高的员工。在这种情况下，通用的高管们并没用气馁，他们找来了一帮中下层的妇女，甚至还有战争之前的妓女，并让她们原来的鸨母来管理她们。为了让这些几乎目不识丁的妇女了解工作顺序，高管们首先做了十几个瞄准器，然后用摄影机拍下这些过程。接下来，利用放映机向女工播放这些画面，同时加上一连串的信号灯指示，其中红灯代表已经完成了的部分，绿灯代表即将开始的部分，而黄灯则说明工序中员工应该注意的环节。这些几乎不懂工作的女工们很快就胜任了工作。

执行难度较大的工作，实际上也是通过简单流程的组合来完成的，只要将这些流程分解成为简易步骤，并简化成为那些每个人都能看懂的步骤即可。

2. 可以采用编码法来简化执行中的操作途径。

可以说，编码是20世纪学术领域和生活中都能共享的伟大发明之一。例如，商品的价格、产品的质量，都能够进行编码。这样的编码看上去很烦琐，但实际作用相当大。一方面，编码能够迅速明确执行质量的责任源头，简化责任流程，在解决问题时变得容易得多。另一方面，它能够规范执行的标准，使得执行过程中企业的信誉和品牌都能获得有效提高。

在直接生产的执行流水线上，企业也能通过编码方式，准确辨别具体的执行者信息，使得工作督导变得更加简单，对员工也容易管理，具备操作性。

3. 可以利用程序化来强化执行过程的质量

清楚的执行程序能够告诉员工先做什么、再做什么，这样，才能做到有章可循和有条不紊。即使看似显得死板，但是对于提高执行效果却是有着明显的效果。

在那些成熟的企业中，程序化是明确员工执行途径的重要手段。例如，在麦当劳，厨师洗手这项工作也是被程序化规定的，以确保执行效果的安全和卫生。

在麦当劳，洗手的执行程序是这样规定的：

(1) 使用清水湿润双手；

（2）在手部涂抹麦当劳的特质杀菌洗手液；

（3）双手搓揉，时间起码在20秒钟以上，清洗手指之间、指尖周围、手臂到手肘部位；

（4）采取清水，将上述部位彻底冲洗干净；

（5）最后，用烘手机烘干双手。

通过类似这样的执行步骤，才能保证操作中不同环节的工作都能得到最好结果，并最终确保执行结果到位。

4. 采取定量法来强化执行途径的作用

定量对于执行到位，是相当重要的。这也意味着执行途径中，领导者需要对目标进行定量，将具体的执行目标首先定量，并结合员工的定量，这样，执行途径就容易产生最大效果。

不同的企业组织、不同的团队，都有自己的执行目标，但目标并非靠宣传出来的，而是要通过量化层次的分解，并通过具体地操作来实现。当然，量化还可以运用在不同的执行途径中，这样的运用，能够让执行在其途径上显得更加具有可操作性，更加容易执行到位。

提升秘密

5

审查执行效果是否明显突出

对执行效果的审查，是执行反馈和评估的关键步骤，也是对执行进行改进的起点。没有先进有效的评估效果，是很多执行过程最终失败的直接原因。而将执行效果的审查和执行力的提升工作进行有益的互动和融合，最终能带来执行力在组织和团队中的整体提高。

执行效果审查，本质上包括对执行过程的评估和对执行业绩的评估。前者，是指在战略过程、计划步骤和策略执行过程中效率的评测；后者则是指在具体的目标达成度和业绩提高度上的效果。之所以要从这样的两方面去理解执行效果，是因为执行本身是一种过程和结果上的结合体，同时，也是层次交错、相互影响的复合体，而在没有获得业绩之前，这样的阶段性差异普遍存在。因此，如果领导者仅仅看重执行力的提升方法、步骤和原则，而没有对执行的效果进行具体审查，那么，在执行力提升的过程中很容易失去其不同环节之间衔接的重要步骤。用这样一句话可以做出总结："对执行效果的审查，如同一个灯塔，能够为整个团队提供共同的目标和语言。"

管理学中的经典名言说过："无法审查效果，就无法管理。"执行效果的审查，构成了有效提升执行力的领导基础。而在具体的执行层面上，执行效果的审查缺失，也最终会导致执行过程成为无本之木和无源之水，最终导致执行效果的失败。正如在体育赛事中，最终的比赛结果是观众们关注的，但是，这样的最终结果毕竟只是一个有限的信息来源，如果不能对其执行过程中的效果进行全程追踪，人们就无法知道在"比赛"的过程中，具体应该采取何种行动。

总而言之，对执行的整体评估，是和有效的执行效果审核相辅相成的。在很大程度上，有效的执行效果审查，构成了对执行进行评估的核心。不妨来看看在林肯电气公司中是如何进行有效的执行效果审核工作的。

林肯电气公司总部位于美国俄亥俄州克利夫兰，该公司在全世界多家工厂进行焊接、切割设备和工业用发电机的生产。自从1992年之后，该公司每个季度都产生令人称羡的业绩，并被业界认定是执行力提升、成本节约的典范。

在林肯电气公司对执行的评估过程中，对执行效果的审查是其核心元素。林肯电气的执行效果审查分为两大部分：生产数量、效果排名。这两个部分都是对每位生产线上员工进行客观和数量化审查的重要评估方式。

例如，对执行效果审查之后，根据生产的合格数量按照数量计酬。这种审查方式，使得员工能够生产出更多符合业绩标准的产品，从而获得和本地同行业普遍员工平均工资的接近级别。当然，只要足够努力，员工们可以牺牲自己的休息时间，赚取到两三倍工资。但即使如此，林肯电气的政策也规定，不能够因为员工赚取了更多的工资，就改变原来的计件工资制度。结果，在林肯电气工作了两年以上的员工，每周最少都能够达到30小时的工时。

除了生产数量作为执行效果审查的重点之外，员工的绩效排名也作为审查重点。这种排名主要用来决定员工在公司分红总体数量所占据的比例。虽然每年企业总体的红利都会有所变动，但是，红利在平均数量上都等于不同员工的工资总额，即林肯电气的每位员工的年终分红，在平均水平上都能达到其每年工资总和。而员工在年终分红上的具体差距，则根据员工的工作可靠度、工作品质、工作产出成果、工作创意和团队配合程度等绩效排名进行审查来明确，而这样的审查，主要由不同部门中员工的直接上司进行。

综上所述，林肯电气公司的执行效果审查，是企业整体执行效率评价的重要部分。而企业运用客观和明确的数量评估，以及结合另一部分较为主观的审查方法，并进行紧密的结合，通过公司的薪酬奖励制度来落实，从而强化了对执行效果进行审查的重要性。

这样的案例说明，对执行进行评估，不能直接从执行表面的结果来看，还应该将评估审查的过程拓展到对执行的具体资源支持、执行运用过程以及不同执行者之间的具体配合程度上。这样，执行效果是否明确突出，才能得到真正的综合评价。

对执行效果进行审查，不仅需要出发点和层面的充分落实，还应该得出这样的结论，那就是企业组织的领导者和管理者想要提高企业整体执行力，就必须更为全面地注重执行效果的检查和审核。然而，令人遗憾的是，企业领导者所经常保持的做法，是重视安排布置的过程，而对检查核实的投入较少；突击性检查的核实较多，而日常性的检查核实较少；口头进行的核查较多，而实际执行的较少；表面看起来严格的核查较多，而具体过硬的核查较少。总体来说，对执行进行的审查，在企业中往往流于形式，而其随意性也成为了企业执行力下降的典型代表，因为这种对执行效果进行的“审查”，并不能真正保证决策在执行过程中得到多大程度上的实现。

美国曾经有家化学工业企业集团，在印度尼西亚，他们花费了2.5亿美元新建了一家工厂，然后，这家工厂的管理重任交给了巴西另一家工厂的副厂长。这位副厂长在巴西的工作业绩不错，同时长期负责当地工厂的企业产品技术开发活动，对业务相当精通。按照道理来说，这样的新任管理者能够将在印度尼西亚新建的工厂的经营业绩迅速提高。然而事与愿违，工作过程表明，这位新任厂长在技术方面懂得更多，而并不太懂市场营销和关系发展，甚至连结合当地特点的产品定价策略都很难完全解释清楚。

但是，由于之前工作的表现以及其他主客观因素，化学工业企业集团总部对这位新任厂长很是信任，领导者们相信，这位厂长来自发展中国家，对这些国家的基本国情非常熟悉，对产品技术很了解，能够做好日常领导工作，也就没有人派出专人去负责协助管理工作，更没有派出专人去对他的执行效果进行核查。但这种在执行效果审查上的缺失，带来了不良的结果——最终，印度尼西亚工厂不仅迟迟未能开工，即使在开工之后，产品也很难提高销量。不得已，企业的总部只好决定将该工厂的业务进行转移，而这期间成本的耗费则是难以挽回的。

可见，对执行效果进行跟踪审查，应该成为企业领导者日常性的监管工作内容。试想，如果上面案例中的美国化工企业在印尼的工厂中，自始至终都有专人对执行效果进行及时的跟踪和反馈，那么，最后的结果绝不是这样的。

对执行效果的审查与核实，可以看做企业中防止问题出现和困难加大的防火墙，在对执行效果审查核实的过程中，既能够揭露问题，也能够改正错误。对于执行效果审查中所出现的那些问题，如果能够当场进行纠正的，绝不能留到日后再去处理。如果是复杂问题，不能当场解决的，则应该迅速汇报有关部门进行处理解决。

当然，一项执行的政策开始实施之后，其执行效果是逐步显现的。通常来说，这些执行效果有正面的，也有负面的，有直接的，也有间接的，有局部的，也有全面的，有短期的，也有长远的。对于执行效果，领导者可以进行分类和归纳。从执行角度来看，下面两种类型的审查效果需要进行重点讨论。只有做到这样的审查，才能取得执行效果审查的明确。

1. 直接的执行效果

直接执行效果包括下面两个层面的意思。一是这种执行效果能够在直观和经验的层面上表现出可以观察和审核的效果；二是这种执行效果能够在领导者事先预计到的范围内产生。所谓实现预期的范围，是指在执行政策的建构阶段，领导者会制订出对问题的解决方案，并随之产生预期范围，同时假定在这样的范围内，执行的方法会起到作用。因此，凡是通过这样的执行过程而在预期范围内出现的效果，都属于直接效果，而超出预期范围产生的效果，则是意外或者附加效果。

需要注意的是，执行的直接效果，有可能符合领导者的愿望，也有可能不符合领导者的愿望。例如，某项执行决策目的在于将团队工作效率提高若干百分点，但实施的结果是有可能达到了预期标准，也有可能未达到，但不管其中哪一项，都是在预期范围内直接能够观察到的效果。

显然，想要评估某一项执行决策的直接效果，首先应该清楚的，是预定的决策目标和对象是什么，只有联系好决策中执行的目标和对象，才能确定什么才是该项决策所希望的执行效果。

2. 执行的附带效果

附带效果，是在执行的直接效果之外的，但是，附带效果又因为直接效果的连带影响作用，而出现成为从属和观念的效果。这种效果，是决策执行过程中产生的更多的作用。因此，如果某项决策的执行直接效果是有益的，其附带效果往往也是好的，能够起到锦上添花的作用，反之，如果某项决策的执行直接效果是不好的，其附带效果的表现则有可能起到雪上加霜的作用。

例如，对企业绩效考核评估制度的改革，尤其是对员工业绩和福利采取的货币化评估，使得许多企业走出了业绩考核的误区，由此提高了企业整体的工作水平，也提高了员工的薪资水平，带动了企业的利润上升。这些都是决策所产生的直接效果。同时，这样的评估方式改革，也加强了企业对外界人才的吸引力，刺激了企业对员工管理的重视，尤其对于那些资金较少、规模较小或者新成立的企业，能够吸引更多成熟的员工。

从这样的例子可以看出，企业绩效考核评估制度的改革执行过程，虽然没有将吸引人才作为直接效果，但作为一种附带效果，同样能够起到吸引人才的良好的附加效果。如果能够有这样的作用，那么，这样的执行过程可以说是具有高效而低成本的。

因此，注重附加效果，能够使企业领导者对于决策问题和执行效果获得更加丰富的理解，并且促使企业领导者更加投入地思考执行效果和执行决策之间的复杂联系，对执行所产生的多重效应进行分析。

最后，尽管执行效果的审查需要结合不同目的而使用不同工具，但这样的审查过程，并不是一个独立的执行过程。大部分执行效果审查出来的“问题”，实际上并没有表现出系统的执行过程中的问题。

执行过程及效果的评估审查，并不应该是审查完就结束，而是应该利用一定的形式表现出来，并体现出其突出明确的一面，总结其不够清楚的一面。这样，才能让企业的领导者在修改和调整执行计划时进行具体参考。这样的执行表达形式，主要包括以下三种：

第一种，执行效果报告会。

当执行结果出现之后，可以由执行的决策和领导机关来组织召开报告会。安排具体负责执行的员工参加汇报，由领导者听取汇报，其中包括执行计划期分析预测的过程、执行准备期的过程和执行落实期的过程。

采取这样的报告会方法，能够让领导和员工直接面对面地交流，在汇报的同时，可以围绕企业的执行效果，包括直接效果和附加效果进行讨论。实际上，这种报告会也可以看做是对执行效果评估审查的进一步深化。

第二种，书面报告。

执行结果不仅可以通过报告会向领导层进行汇报，还可以让员工将报告的结果写成书面报告，这样能够帮助相关管理者进行集体审阅核查。

书面报告的审查评估方法有其独特的优越性。从执行层面而言，他们在撰写书面报告时，对执行效果的认识更加理性和客观，这样，有利于执行者自身的反思，并通过反思获得成长。而从领导层面而言，他们在阅读书面报告时，也同样能够从更为切实中立的角度看待员工执行过程，并得到更加务实谨慎的考察和审核角度。

第三种，专门的表格。

按照执行决策或者项目的不同要求，领导者设计专门的评估表格，要求填写执行效果。这样的方法以数字表达形式作为主要方式，同时，附上简要的说明，并要求员工在完成执行后及时上报给决策部门。这样的方式也能够具备简单明了、科学合理的特点。而当领导者需要进行新角度的审查过程时，他们可以对评估表格进行改变，从而获得新的评估审查方式。

上面这三种评估审查的表达方式，能够进行交叉使用，这样，对执行效果的评估审查会产生更为全面的推动力量。

提升秘密
6

切忌小满即可

在执行过程中，恰当而合理的自豪感培养，能够有效地帮助员工增强信心并提高其执行成绩。然而在管理执行的过程中，一旦自豪感发展过头，变成了自满情绪，便会有百害而无一利。作为执行过程的领导者，任由员工小满则安，发展自满的倾向，是相当不利的。这是因为，员工的自满会导致他们从理性的工作心理状态变得浮躁不安，他们会认为自己是最好的员工，不需要领导者担心。其次，自满的情绪会导致他们拒绝来自外部的批评、新的工作观念，例如，他们经常会说："他们的部门哪如我们的业绩？凭什么让我们改变？"这样的自满心态，导致他们很容易失去对自己的提升、修正和改变机会。最终因为这样的自满心态，将他们孤立在整体工作的组织和团队之外，而不利于整体的调整和团队的协作。

消除自满心态，实际上就是对员工自豪心态的一种保护。因此，作为领导者，当员工在执行工作中表现出色、成绩比较显著的时候，领导者千万不应该忘了告诫他们必须戒骄戒躁，获得再接再厉的动力。同时，越是能够及时地消除员工的高傲和自满，才越是能够培养员工正确的自豪感。**组织的领导者，可以让自己的下属在工作过程中**

和其他员工群体共同工作，在合作过程中竞争，从而发现各自的长处和缺点，这样，下属们发现了自己的优点，才能产生应有的自尊，而他们通过对他人的重视，自然会抑制盲目的自满。

在印度一个著名的宗教学校中，有这样一个奇特的传统：凡是有资格来到这家学校就读的学生，每当他们入学的时候，都必须从侧门中进入。这个侧门很窄，而且高度相当低，这样，想要从这个侧门进入，必须要弯腰、低头、侧身才能顺利通过。这家学校的领导人解释说，之所以设置这样的侧门，是为了教育学员们，在工作和生活中是不可能一帆风顺的，应该学会保持应有的理性和低调，才能避免不必要的受伤。

2000 年 5 月，柳传志在拆分联想的动员会议上做出了这样的演讲：

> “尽管你们已经是经历过诸多风浪的战士，但是，在公司交出大旗的时候，我还是想要千叮咛万嘱咐，将所有的嘱咐变成三个字：请谦虚！”
>
> “凭你们的工作能力、拥有的事业基础，显然已经不会让你们在执行过程中遇到无法解决的困难，然而，正因为如此，更不能让自满两个字蒙住了双眼。对于经历过人生风波洗礼的我们，毕竟有过更多的经历，不管是成功还是失败，是高兴还是悲伤，经验和教训都永远逼着我们记住：要谦虚！即使如此，现在做出反省，觉得还是有很多地方没有做好，应该反省。而对于工作和人生路途上一帆风顺的你们来说，想要做到谦虚，就更不容易了。在你们的执行队伍中，将会出现一批又一批更加年轻、更加有才华的同事，而你们会因此而更加容易为取得

的些许进步而变得自满，容易和那些还不如你们的同事而沾沾自喜。这样的情绪如果不注意在不同的事事、时时上进行提醒和教育，就会导致相互感染，并造成工作环境内部和周围的环境被恶化：长期的盲目自大，就会导致执行战略制定的错误，给企业带来更大的损失。”

柳传志的演讲指出了这样的现实——在企业执行发展的过程中，员工的自满思想很容易滋生并泛滥，这是随着新员工不断进入和老员工资历加深所同时导致的倾向。下面的这个案例可以帮助我们认清这一点。

某家食品公司和一家效益很好的大型连锁百货商店有着持续良好的业务合作关系。由于总体业绩很好，该百货商店的领导层准备在接下来的五年内增加一些新店。

为了做到这样的目标，该店的领导者认为，在下面的五年中，该食品公司应该将绝大部分的注意力放在这个项目上。该店的一位采购甚至还告诉公司的营销代表说，这些新店的进货将会由他们来全部负责，到时候，他希望食品公司和其他的供应商来保持现有的货源。

这样的说法，让食品公司的营销代表感到很奇怪，认为他们不应该将这样充分的供货主导权完全交给供应商，这样的感觉也很快让其他供货商们发现，从长远的利益来看，连锁店的选择并不是正确的，这家目前已经有不错业绩的企业似乎打算既依靠现有的店铺来获取利益，同时又将这些店铺放在了忽视的状态之下。

短期之内，包括食品企业在内的所有供应商都能够负责地面对产品的供货，因此，现有商店的产品储备情况并没有出现问题。

但是，该连锁店的员工，还是出现了之前令人担心的自满问题。从工作态度上就能够看出来，他们不再像之前那样充分投入。员工们不再去理会货架上的产品排列是否整齐、干净，也不再像原来那样清扫店堂的地板和货架。销售人员也不再用原先的态度对待客户。甚至只是在路过商店时，人们也会发现，所有的店面形象都不如以前那样清新可人而充满吸引力了。

自然而然，这家连锁店中新的分店员工们，由于来自连锁店领导层的自满情绪，而变得更加自满。这种自满产生的惰性，逐步影响到其销售业绩。产品在这家连锁店的分店中销售的趋势也开始下降。

当然，情况还没有坏到无法挽回的地步。这家连锁店的规模保证了他们有充分的准备来面对这样的意外情况，从该连锁店的老总率先意识到，他们不能再对执行过程中的某些成功而产生骄傲。于是，这家连锁店辞退了一些表现出明显骄傲情绪的员工，并雇用了新的员工，准备重新整顿公司，并投入到那些看起来并不最重要、但却能改变企业执行态度的事情。通过在这个过程中大量时间和精力的投入，以及在细节部分的严格监管，整个连锁店分店中员工的执行情绪得到了改变，企业的发展局面改变了。

执行中能够获得进步，当然是能让企业领导和员工都感到高兴的事情。然而，这样的高兴很容易产生一些坏习惯，其中最为严重的就是自满。

上面这家连锁店的案例表明，小成功很可能带来下一步执行的危险，而大的成功则可能带来让企业毁灭的灾难。

很多人并没有看出这样的灾难，他们认为，组织或者团队在执行中取得成功，感到高兴甚至骄傲都是应该的。从领导者到员工，都有可能这样认为：“在成功之后放松一下，有什么问题呢?”或者“成功者不都是有这样的特权吗?”继而，他们会认为，执行中的那些小细节——包括产品如何摆放、员工怎样出勤等，都不再是最重要的问题。而其他细节包括对待客户的态度，或者对待企业环境、设备的态度，则都有着更多的借口，诸如客户需要我们或者没有人注意这些而被放过。

由小满则安带来的对工作重要方面的忽视，会产生一种不为人注意但却的确存在的压制效果。在这种压制效果下，企业组织中无论是领导者还是执行者，对与产品的质量和服务标准的执行要求已经越来越低。然而，绝大多数客户的注意力是集中的，他们不会陷入“小满则安”的陷阱中，相反，他们会注意到这些因为自满而导致的问题，企业执行的声誉也会因此而受到严重损害，导致执行力的下降，并因此而让客户被企业的竞争对手所慢慢吸引。

真正成功的执行领导者，会反复提醒自己警惕自满的危险，并且保护自己和组织的其他人能够免除受到自满危险的侵害。因此，成功的执行领导者不仅不会因为成功而松懈，反而会不断加强对自身的约束，并在必要的情况下，做出充分的日常工作来要求团队在执行过程中提高精确度，维持最高的标准，而不可能让执行团队中的其他员工因为自满而忘记精益求精的原则。

作为执行的领导者，应该做怎样的日常管理，才能防止自满情绪在执行过程中的滋生？下面是一些重要的建议：

1. 领导者应该不断地充实自己

只有那些能够不断地充实自己的领导者，才能成功领导他人并确保组织不会因为自满而遭遇执行的挫折。为此，领导者根本没有时间去认为自己多么成功，或者营造自己无所不知、无所不能的形象，他们更不会因此而放弃学习进步的努力。

组织的领导者必须知道，整个企业、市场和世界都在不断地发生变化，也在不断地涌现出新生的事物，即使在看起来不断重复地执行过程中，新元素、新现象也在不断发生。这样，新的执行情况也就在不断出现，想要让自己的组织和团队能够始终保持领先，就要确保自己不会因为自满情绪，而导致对执行的领导处于盲目和被动的地位。想要让自己的下属能够远离自满，领导者自己就得做到不断学习、不断充实自我和改变自我。

2. 克服团队的焦躁不安情绪

一个工作情绪良好的企业组织或团队中，不应该有着焦躁不安的情绪，员工们虽然永远不满于现状，但他们更多将这样的不满转化为对成功的渴求、对自我改变的愿望。反之，如果领导者没有把握好团队的情绪导向，就容易让员工认为自己不需要费太多力气，就能把事情做好。

一般来说，企业中员工焦躁不安的情绪，大多出现在企业的成长初期。此时，员工们已经掌握了一些执行工作的门道，由此，他们很容易希望能够超速成长甚至不顾目前的事实基础。具体表现在：急躁、不愿意做好基础工作和提升工作、总想孤注一掷地通过自我努力来推进执行工作、不愿意合作等。

在这样的情绪引导下，表面上看，他们对执行工作是积极而努力的，但实际上，他们已经对自我的能力和经验都感到满足，认为自己能够马上就得到执行的最好结果。因此，领导者必须针对这样的错误情绪，进行必要的调整和控制，只有如此，员工才能从急躁不安走向成熟与自信。

为此，领导者不应该忽略员工的情绪，即使在执行过程中，也需要观察员工的情绪变化，而不应该抱着员工既然开始执行，就必然应该保持执行态度的信念。这种误会往往导致领导者不去关心员工的情绪波动，甚至压制员工正常情绪的表现，然而，这样的做法总是会导致事与愿违。员工既然是一个正常普通人，其正常情绪的波动必然会影响到他们在工作时的表现。例如，执行的过程、领导的信息暗示、同事合作程度、同阶层员工执行结果，乃至于生活、身体健康等，都有可能造成员工在执行情绪上的自满感，并给企业的执行过程带来危害。

一般来说，处于不安急躁情绪状态下的员工，其执行效率会大幅度下降，而他们焦躁的情绪，还有可能造成执行过程中进一步的内耗，包括抵触情绪的出现、执行过程的偶然性失误等。

因此，作为领导者，想要通过安抚情绪来保证员工不产生自满情绪。首先应该做好的是充满耐心地换位思考，能够从负责执行的员工的立场出发，从他们的心理状态入手有针对性地做好引导工作。这样的工作需要在对执行管理的过程中，考虑到更多人性化的要求，并结合情绪管理做好执行的指导工作。

3. 想要让员工能够不出现自满问题，就要具体提出不同的要求，从而转移他们可能出现自满的情绪注意力

例如，应该不断要求下属拿出对执行的具体构想，并要求这些构

想能够解决现实的具体问题；当下属拿出具体构想之后，要求他们做出计划，能够保证切实贯彻实行；在获取成功之后，既要同他们一起庆祝，同时也要指出这样的成功结果来自他们端正的执行态度，并指出执行过程整体的成功所不能掩盖的问题。只有保持这样追根究底的反思方式，多询问员工“为什么这样做”“这样做有什么依据”“这样做有什么优点和缺点”等问题，就很容易发现员工是否存在情绪自满的可能，进而增进你对他们的认识和影响。

当然，领导者还应该学会向员工作多方面的工作指示，经常关心他们是否能够对执行决策和项目有着真正的研究探讨和了解。这样，才能综合影响到员工的情绪，防止他们出现自满问题。

提升秘密

7

精益求精，贵在细节

任何执行的完成，都是由不同的细节组成的。对执行的领导，也同样不例外。因为对执行的领导，关联到执行最终的成败，想要让执行最终取得应有的成功，实现应有的战略目标，就必须做到能够抓住细节、看重细节。

对执行过程进行领导的本质，是对团队执行方法和态度所作出的选择、权衡和安排其中不同资源、不同执行力量的位置。其中，所谓选择和权衡，就是在执行决策开始之前所作出的调研和分析，从而做出最后决定的过程；而对资源和执行力位置的安排，则是对细节的具体落实过程。这样的两个过程分开而看，就是对执行过程中每个细节的关注。

企业领导的日常工作是千头万绪的，每天都需要面对不同的矛盾。如果缺少了领导者的智慧，很可能导致那些不重要的工作影响执行中员工的注意力，但同样，缺少了领导者的关注，也很有可能疏漏关键的细节，而导致执行过程出现大错。真正掌握了领导艺术的企业管理者，既善于抓住执行过程中的主要矛盾以简化领导过程，又能够同时在细微问题上抓住关键点，从而做到对整个工作组织和团队的领导能够进退自如、事半功倍。

在不少企业组织和团队中，许多问题客观存在，之所以员工们在执行过程中无法看到、想到，无法具体落实和解决，其中重要的原因就在于领导对他们的管理过于粗放、过于务虚，这样，工作就不够细致和扎实。正如古代圣贤所言，“天下大事必作于细。”领导执行的过程，是一个将量化积累为质变的过程，从细节入手，执行过程才会日见成效。

因此，细节工作对于执行过程的真正落实有着关键作用。如果在细节上一步走错，很有可能全盘皆输。所以，抓好对执行工作领导中细节的落实，是企业领导必须对自己培养的细节意识。

在德国，提到日用品、化妆品的连锁超市DM，几乎没有人不知道的。三十多年前，这家超市的创始人格茨·维尔纳创建了这个企业集团，在对执行管理的过程中，他有着自己的理念。甚至有时候，对执行细节的关注，让他的领导多多少少显得有些古怪，这种“古怪”成为了人们愿意讨论和学习的话题。

某次，维尔纳巡视一家DM分店时，突然指示让分店经理将扫帚拿过来。于是分店经理立刻将扫帚找来，并递给维尔纳，他一脸疑惑地询问：“维尔纳先生，你这是要干什么啊？”维尔纳示意这位分店经理看看灯光，说：“你看，灯光的亮点聚集在地上，这样不是浪费吗？”说完，他用扫帚伸向天花板，将灯管拨动一下，让灯光的焦点照到货架上。

事情传出去以后，有人问：连这么小的细节，老总也要过问，而且还要亲自去动手，这难道不会把他累坏？

要知道，维尔纳旗下的集团，拥有1370多家分店，有着20000多名员工，每年的销售额高达百亿欧元。在整个行业中，维尔纳做的是最出色的，他自己也是最富有的。之所以能够取得这样的成就，维尔纳是这样总结的：“以身作则、注重细节。”他进一步解释说：“我当然不可能每天都到所有分店跑上一圈，也不可能真正对每个店的每个细节都能完全了解。因此，我就更需要在整个企业中以身作则、打造细节的执行力。我不但要自己注意在细节中执行制度，更要做到让全体员工都能注重细节问题。”

作为企业的执行领导者，当然不需要对每件工作都事必躬亲，也不可能做到事必躬亲。但是，你一定要学会做到明察秋毫，能够在细节上比他人观察更为仔细、更为认真。管理者要像维尔纳一样，在执行的领导过程中在某个细节的操作上做出具体的榜样，使得员工能够有效仿的范本，从而对员工形成具体的影响力和感染力，这样，员工在执行过程中才能精益求精。只有这样，企业的执行力提升才能变得更加迅速，执行效果才能真正落实到位。

企业在通过执行发展的过程中，常常会出现看起来琐碎和简单的事情，然而，这些事情也是最容易忽视的。即便领导者针对执行上的这些细节制定了详细制度，但具体的执行效果也有可能是并不尽如人意的。这是因为细节上的事情太小，员工并不容易将它们放在眼中。因此，作为领导者，有必要重视从细节下手去领导执行，将每个细节中的“魔鬼”找出来，才能达到执行管理的最高境界。

以服务行业执行过程中简单的微笑环节来看，全世界最大的零售企业沃尔玛规定：员工必须要做到向他们附近三米内的顾客微笑致意，而且在微笑的时候，要做到露出八颗牙齿，同时，在回答顾客的问题时，永远不能说“不知道”。可以说，今天的沃尔玛之所以仍然保持着巨头的地位，最关键的还是它能够从执行的细节入手，保持例如微笑制度等诸多细节制度的落实。

现实中，不少领导者对执行中的细节问题认识不够充分，他们总认为自己是领导者，不需要纠结团队中执行的那些小事。殊不知，单纯地进行战略上的监督并没有太多意义，对细节重视的缺失，会导致整个部门乃至整个企业组织的执行力下降。这是因为，企业核心竞争力的高低，往往取决于企业执行要素中最薄弱的那一环。而企业的制度建设，同样也是企业发展的关键因素。如果在这两方面出现了细节上的漏洞，领导工作都会有失败的危险。

细节关乎企业的成长，在执行过程中，如果不注重细节，敷衍了事，即使企业曾经取得过成功，也会导致执行风险越来越大。因此，管理者必须要重视从细节入手，将企业的执行过程落实到位。下面几项原则，值得企业执行管理者去参考借鉴。

1. 细节执行来自制度，制度是落实细节的保障

没有制度，就谈不上对执行的管理，因此，制度是最好的领导者，只有依靠制度，才能将团队和组织管理得长盛不衰。许多著名的国际企业，产品之所以能够始终在全世界获得欢迎，其核心竞争力就在于执行过程中制度的保障。这种不仅建立制度，还将制度和执行细节结合起来的量化、细化原则，是中国企业领导者在管理态度上往往忽视的。因此，想要有好的细节执行过程，一定要有良好的细节制度来做出保障。

2. 细节来自上下一心，只有领导和员工立场一致才能做到细心

之所以许多企业的组织和团队在落实执行制度时，不断犯错，很大程度上在于他们没有用心去执行制度，而是用简单的应付态度对待。这样，执行过程中的差错就无法避免了。其实，当领导者在建立和贯彻制度时，应该能站在员工的角度，设想他们会重视哪些细节、又会忽视哪些细节。同样，领导也需要引导员工站在制度设立者的立场上，真正领会制度中不同条款的意义所在。这样，当企业中的执行团队在执行过程中，就会用心留意不同的细节，很多差错和漏洞也就随之可以避免了。

3. 细节贯彻来自创新，细节上的创新影响成败

管理学大师彼得·德鲁克认为，创新是现代管理上的基本技能。在细节上进行创新，也同样应该纳入领导者对制度的监督、管理过程中，这才是企业持续发展的灵魂和动力。对细节的创新，要求领导者首先能够做到关注细节，并引导下属对细节关注，同时能够影响和改变员工对细节问题的看法，激励他们能够在这些问题上提出自己的观点、实现自己的做法。这样，员工对于细节问题的关注才会越来越充

分，并在竞争中能够持续领先于竞争对手。

提升秘密 8

效率就是执行的生命

对于多数企业的组织执行力而言，落实不到位，几乎成了影响企业落实执行过程和提高执行效果的普遍因素。因此，越来越多的企业领导者，都在急于寻找一个能够迅速提高执行能力的方法。然而，这样的做法同时也很容易让企业陷入新的误区中——盲目执行的误区。

观察那些盲目执行的做法，经常会影响到执行的效率，并让领导者出现无序管理的现象。这种问题同时导致企业浪费大量管理资源，而无法获得有效成果。

通常来说，**对执行的无序管理，导致最直接的结果，就是组织的成员无法将工作真正落实到位，组织的执行效率低下，企业的运营受到较大阻力。**因此，企业如果想要提高自身的执行效率和管理水平，不仅应该提高企业成员的执行能力，还应该注意避免在执行过程中出现的盲目性行动。归根结底，有序执行，能够正面影响企业的决策，并为企业带来利润，为企业员工带来成功。

领导者想要改变企业中无序执行的问题并不困难，事实上，对细节效率的重视，是提高执行结果的关键。

1911 年，曾经从工人、工头做到技师，并最终被提拔成为工长和总工程师的现代管理之父泰勒，对提高细节效率深有体会。他意识到，想要改变企业执行盲目、效率低下的不良状态，需要的是运用科学方法，找到准确的执行方式和方法，对员工进行专门的培训，训练员工能够按照标准化而正确的方式进行执行。对于那些能够在执行过程中完成定额任务的员工，领导者将付给较高的报酬，而不能完成定额的员工，则只能拿到较低报酬。

泰勒将细节落实到管理工作中，其主要宗旨在于将过程标准化、制度化。从泰勒开始，标准化管理体系开始形成，带来了执行效率的提高。

当时，泰勒手拿马表，对一名翻砂铲装工人的执行步骤进行分解试验。通过试验，泰勒去除其工作的无效部分，并对技术进行改进，使得其每天的执行效率整整提高了四倍。

泰勒的试验步骤是这样的：他发现，翻砂工人原来的执行效率太低，并就此设计了新的方法。翻砂工作的一系列劳动，都由每一个工人各自独立完成。而通过一段时间观察之后，泰勒将翻砂工作分解成三十几道前后连续的简单动作，这些动作简单到即使是毫无经验的工作者也可以马上执行。这样，翻砂工人只需要学会一个相当简单的步骤，就能够将工作传递给下一个人。

接下来，泰勒对工人们进行组织，他用来帮助自己进行组织的具体工具就是当时最精细的马表，能够精细到十分之一秒的程度，并计算出具体的工作量和时间，如钉上一个钉子，铲走一铲煤，装上一个小斗车等，各自需要多长时间。他认为，只有将时间消耗进行最大限度地降低，才能提高生产力。

在分解完动作之后，泰勒开始分析步骤的合理性，包括哪些工作步骤是必要的，哪些则是多余的，哪些动作的时间较长，哪些动作则没有必要花费那么长时间，哪些工作步骤不合理而更容易造成疲劳等。根据这些分析得到的结果，重新塑造这些动作，并最终连贯起来，完成同一个工作项目。在这种情况下，工人们执行的无效步骤才会最少，而劳动效率才能进一步提高。

果然，在大量分析的管理基础上，泰勒最终制定出了标准的操作执行规范和程序，这一套规范和程序得到了普遍推行。泰勒在提升执行效率上的贡献，很快被军方注意，美军军工厂将复杂的光学仪器生产过程通过分解，并根据不同工人的技术水平进行推广，提高了执行效率。

随后，在泰勒所发明的科学管理方式的影响下，西方的企业界培养了大批职业化员工。这种重细节、重校准、重执行的科学管理精神，在西方企业界普遍形成，这是现代西方企业执行效率提高的源头。

首先，和西方企业的发展历程不同，目前，中国的民营企业刚刚经历了三十多年的发展而已。早期，中国的企业组织以粗放经营为主，缺乏对执行过程中效率提升方法的实际应用和研究。而在精细化管理的时代下，粗放式经营的管理模式，已经不能适应时代发展的需求。这是因为，现代企业的竞争，绝大多数都是细节上的竞争，而在这样的市场环境下，强调对细节管理来提高执行效率，就具备更大的现实意义。

可以说，做好细节上效率的提升，加强组织的协同合作，是企业执行团队发展的必然趋势，也是提高企业执行效果的重要途径。

进入 21 世纪之后，沃尔玛、通用电气、戴尔等公司的迅速崛起，使得人们能够再一次将目光放到提升执行力的效率上。由此，我们能够得到一个显著的结论：在未来具有相当不确定性的情况之下，企业的执行战略决策变更将异常频繁，经常会出现变化出人意料的情况。而与此同时，市场信息的获取却相当容易，在竞争者之间，很难有所谓秘密能够保守。这样的情况下，不同企业之间竞争的趋同现象越来越严重，决定成败的关键，正在从执行战略的制定，转向对战略执行的效率中。即企业组织在复杂的内外工作环境下，是否具备高效执行既定战略的能力。因此，创新、速度和效果，成为新时代组织执行的关键词。当执行者在领导者的带领下，能够尽早完成新项目，能够多完成一项产品或服务，都有可能带来充分的胜机。因此，速度和创新的表现，在很大程度上决定了企业执行过程的效率。

当然，执行效率带动执行能力的提升，并不是像看起来那样简单，这种过程受到各种各样因素的制约。这种制约首先体现在两个层面上：组织层面和个人层面。

在组织层面上，组织有着怎样的制度、机制，执行流程和文化、组织结构等，都蕴含着对执行发展能起到重要影响的要素。因此，这就需要上到企业高层管理者，下到基层主管、不同部门的经理都要根据执行效率的目标不断进行充实和改进，这样，才能使得完成任务的执行活动能够在顺畅的企业环境下得以进行。

而具体到个人的执行层面上，管理者应当通过具体的培训和影响，保证每个执行者都能够具备积极的心态，从而将任务作为导向，具备高效完成任务的知识和技能。可以说，两个层面的执行能力，都能够归结到企业的领导者群体中，只有当领导者能够真正履行自己的职责时，企业的执行效率才能够得到保证。

其次，在执行过程的领导工作中，领导者应该看到时间管理的重要作用。只有做到把握好时间，才能对具体执行工作作出相应决策安排，并及时地完成任务。然而，在平时的工作中，不少企业管理者虽然重视执行过程的大局，却忽略了团队在时间细节管理方面的问题，当任务紧急时，管理者就紧催着执行的进度，而不急迫时，就任由员工随意掌握工作进度。这样，时间管理在具体的任务和环节上条理不够清晰，常常出现进度控制不住的现象，并导致质量无法提升。

因此，进行有效的时间管理，不仅仅能够解决执行中混乱的细节状态，还可能通过合理的时间计划，将执行团队中的每个员工的工作时间都进行充分利用。这样，当领导者形成领导者不需要进行过多催促，员工也能够用正常的速度确保正确执行和执行结果的质量，这样，时间的细节管理和执行效率之间的互动作用就得到了进一步确定。

为此，管理者必须要对整个执行团队的现有能力有全面认识，并明确一项任务需要多久时间能够完成。接下来，你需要对时间进行合理分配，将相关工作做具体的计划和安排，并确定任务完成的时间。最后，则应该通过强调整个团队加强时间管理，督促员工在最短时间中能够管理好自己的工作安排并完成工作任务。

最后，领导者很可能发现这样的问题——自己明明说过很多次，但员工却无法准确完成执行的任务。这种问题出现的原因，在于领导者经常将员工表面的执行问题看成问题的根本。事实上，领导者如果没有深入了解员工类型，并解决心理上的问题，反而不断地去纠正员工们的行动问题，就会导致他们的执行工作适得其反，并导致问题更加难以解决。

事实上，员工无法提高自己的执行效率，也有可能在于心理层面上的问题。想要解决这样的问题，领导者不仅要帮助员工学会提高效率，还应该了解他们的内心所存在的焦虑和恐惧，帮助员工化解这方面的负面感受，才能取得良好的效果。这就需要领导者能够更好地尊重他人，尊重员工、同事和领导的感受，创造出和谐、融洽的工作环境，在团队内建立起良好的人际关系。

另外，一些企业总是整天开会，大小会议不断，而会议的内容千篇一律、不断重复。这样的形式主义会议，很容易损害执行的效率。管理者应该学会减少开会的次数、时间，提高开会的效率，这样才能激励员工的工作积极性，将更多时间留给执行。

优秀的管理者会通过不同方法，提高团队的执行效率，培养高效率的员工，这样，他们才能从高效率得到良好执行效果。

执行密码四

善始善终

破译执行关键：

《庄子·大宗师》中说道：“善妖善老，善始善终。”而《史记·陈丞相世家赞》也说道：“以荣名终，称贤相，岂不善始善终哉?”唐代的魏徵形容得更彻底：“善始者实繁，克终者盖寡。”其实这些古训完全可以作为现代领导者评价执行力好坏的一个重要标准。因为检验执行是否彻底，直接关系到先前的决策和制度是否得以落实。唯有善始善终，才能一步到位地高效执行！

密码解读

善始善终是高效执行的评价标准

无数关于执行的经验表明，人们的执行过程之所以失败，是因为他们完成了90%之后的工作时，放弃了那最后能让他们成功的10%。更为令人扼腕的是，许多人已经做到了99%，却只是差了最后1%。然而，执行的最终结果是否令人满意，就在于这最后一点的细微差距上，正是因为很多组织或团队不能注意到那1%的细微差距，才影响了他们的执行效果，导致他们在事业的推进上难以获取应有的突破和成功。

行百里者半九十，如果因为最后步骤不到位，前面的执行也就徒然无功，甚至这种前面百分之九十的执行能够带来比不执行更差的效果。

之所以这样说，是因为**执行不能善始善终，会导致成本的增加。而成本在执行中的浪费，意味着利润降低**。当然，执行不能善始善终，其危害不仅仅在于此，在市场竞争空前激烈的当下，对执行效果的评判并非根据其过程，而是在于其结果，如果执行只有良好的开始，而没有良好的结果，就会让对手赢得先机，而导致执行团队本身处于被动地位。

2002年，中国华为公司接受俄罗斯一家运营商邀请，派出一个技术团队到莫斯科该运营商的总部参加招标，这次招标的项目要求合作者能够在短短两个月内，在莫斯科开通一个3G试验项目。

当华为的技术团队来到莫斯科之后发现，受到邀请的并不是只有他们一家公司。另一家在国际上知名度更高、比华为实力更强的企业也参与招标。这意味着，华为的技术团队是受邀前去进行调试的“备用”团队。而他们在招标竞争上也和之前这家公司的技术团队形成了一对一的竞争关系。

由于之前的这家公司无论从名气还是竞争实力上都比华为更强一筹，一开始，莫斯科的这家运营商对华为的技术人员并不重视。他们不仅没有为华为员工提供核心的机房，甚至都不同意他们在工作中使用运营商的内网进行工作传输。由于缺乏这些不可或缺的基础设施，华为的技术工作人员在开展工作时，受到相当大阻力。由于遇到这样在计划之外的困难，华为员工有着很大压力，他们一直在不断思考怎样才能将项目完成得更好，从而获得对方的信任。然而，眼看着到了业务演示的环节，华为的技术团队也并没有发现他们的项目能够超越对方。

天有不测风云，在最后的业务演示环节上，对方的技术员工在演示上执行不力，出现了不少差错。这些漏洞问题，引起了运营商高层管理者的不满。在最后的商议之后，运营商想要再重新看一下华为的项目，以便弥补这些漏洞问题。

于是，华为公司的技术人员抓住这个不可多得的机会，全身心投入到工作中，最后，他们终于向这家运营商的高层完美演示了他们的3G业务项目。在看完项目之后，高管们不约而同地发出赞叹，他们当场决定，将华为的3G设备定位为公司的主要合作设备。

就这样，因为对手执行不能善始善终，也因为自己的执行追求全程完美，华为赢得了这个重要的机会。

对手那家公司之所以能够拥有比当时的华为更高的名声，也在于其原先拥有的实力，该公司的技术人员在能力、态度上并不比华为员工少多少。但是，笑到最后的人才是真的笑，由于最后步骤中没有将执行工作做到位，在执行结果的评判标准上输给了华为。结果，他们只能咽下失败的苦果。而华为团队即使面对着重重阻力，还是能够完美地坚持执行，从开头到结尾都保持同样的态度，才能反败为胜，赢得项目。

在企业的执行过程中，类似的案例很多。

同样是2002年，世界著名的手机生产企业摩托罗拉推出了新一代的彩屏手机，这款手机技术引发了当时的市场热潮。许多手机生产商都开始积极地跟随摩托罗拉脚步，研发这一技术产品。当时，韩国手机品牌三星也掌握了这样的技术。但很快，摩托罗拉发现，自己的生产流程中出现了问题，生产过程被大大耽误。结果，明明是摩托罗拉率先开发的技术，却被三星公司抢走了大量的市场份额。

类似的案例，都是执行不能善始善终所带来的真实写照。执行不能善始善终，就会给竞争对手带来可乘之机。执行力就是竞争力，如果能够从头到尾执行到位，始终比对手先行一步，组织就不会错过那些本来能够把握好的机会，而当对手出现失误的时候，也能够及时弥补市场的空缺，将优势维持下去，甚至将劣势变成优势，赢得那些原本看起来希望不大的机会。

对于企业的领导者而言，他们最不应该犯的错误就是因为领导不力而导致企业的项目不能执行得尽善尽美、善始善终。

执行，除了将整个执行决策的真实意图完整切实地贯彻到底之外，还必须将其过程中的每个细节完全处理到位，并根据情况进行创造性发挥。如果没有应有的执行责任意识，就很有可能在领导执行的过程中忽视那些看起来缺乏价值和意义、但实际上非常重要的环节，同样，也不知道如何引导基层执行者能够在哪些地方创新、哪些地方严谨，根据阶段的不同采取不同的执行方法。

执行不能完美进行，很大程度上是因为执行的领导者没有强烈的责任意识。他满足于现有的眼前的成功，不能周密地确保执行过程从头到尾顺利进行。反之，一家企业如果能做到战略决策先制定，继而由领导者保持一致的责任心，并始终关注执行的整体过程，那么，这样的企业取得执行效果提高的可能性就会大大增加。

执行不能善始善终，是许多企业都存在的问题，也是很多企业领导者感到头疼的事情。即便战略决策过程中有再好的措施和策略，但是，如果没有得到从头至尾妥善的执行，那么，这些看起来强有力的措施和策略，就无法发挥其原本的最大价值，不论对于员工还是企业，都没有什么具体意义。

因此，执行必须要做到善始善终。而其根本则是要提高领导对执行的关注力。只有运用好下面的方法，执行的结果才能因为其善始善终而获得高标准评价。

1. 领导关注执行，就必须关注执行的标准流程

按照流程执行，是确保执行效果的关键。这是因为，流程本身是规范执行的程序，而流程中每个环节都有着充分的规范。如果领导者能够从头至尾关注流程，用流程所提供的规范来要求员工，那么员工就很难在执行过程中随心所欲失去控制。也只有这样，领导者才能确

保他们不会丢掉原来的执行效率，并将良好的执行状态始终保持，为企业带来充分的竞争力。

2. 组织领导者要全程关注绩效管理

在许多企业中，绩效管理工作成为了 HR 的主要职责，而且只会在执行过程结束时才能予以重视。在这些企业中，绩效管理得不到企业领导者的全体参与，导致绩效管理难以起到真正的作用，公司的战略规划没办法转化成为员工的日常执行。

因此，企业的领导者应该学会通过不断循环的过程，来推动绩效考核在执行过程中对员工的影响。具体来说，通过执行决策研讨、决策规划、执行目标设定、绩效标准明确、执行绩效考核汇报再到新的执行决策研讨这样的不断循环，将整个执行过程分解成为不同的循环连接。由于这些循环的过程有了高层领导者的参与，能够明确其意义和价值，也就更容易发挥绩效管理的意义，从考核层面确保员工对执行全程的注意。

3. 领导者应该注意企业执行绩效的长期影响，而不是短期表现

企业追求经济效益是必然的，对执行的绩效采用经济上的评估也是理所应该的。然而，企业不应该只用短期的表现来衡量执行的效果，这样很容易造成执行过程不能善始善终的局面。

曾经有一家大型纺织公司，没有对生产使用的废水进行处理，就直接将废水排到工厂外，对厂区周围造成严重污染。在短期来看，该公司的执行取得了成功，“节约”了不少经济和时间成本。但领导者没有想到的是，由于领导目光的短视，导致当地政府很快对此事进行处理：行政单位要求该厂必须进行停产整改，并处以高额罚款。

可以说，如果该公司领导能够看到执行的长远利益，就不会这样

贸然行动。导致执行只有善始而没有善终。

另外，不少企业在经营过程中，过分关注短期执行所获得的财务业绩，而没有注意到非财务的业绩，或者只是关注投资者利益，而忽视了客户、员工、合作商等相关利益者的利益。当他们之后发现情况不对想要确保执行善始善终时，却发现之前的短视已经难以挽回，最终导致企业执行业绩不可避免地下降。因此，领导者必须要对企业的执行计划做出全盘估计，才能保证执行过程不会突然夭折，而是整体辉煌。

提升秘密 1

热情可以高涨，执行不能打折扣

没有好的执行力，企业就会没有强大的战斗力，执行力就是企业核心竞争力的重要组成部分。因此，面对着市场经济竞争的不断激烈化，面对来自同行对手的挑战，企业如果想要站在不败的位置，就需要在提高执行热情的同时，也应该注意保持执行的效果自始至终一致。

然而，执行打折扣，是很多企业管理者所必须面对的问题。**所谓打折扣，是指在这些企业中，下级员工在执行上级命令的时候，并没有完全按照上级对执行的要求去做，最后导致工作效果的减弱。**

执行打折扣的表现主要有：下级对上级的要求不能完全履行；在接受任务时激情高涨，在真正工作时难以做到位；执行命令时，并没有认真充分操作，只求完成，而不求做到最好；执行工作效率较低，影响整个企业的工作速度。

1. 企业管理者要帮助员工认识到，执行打折扣的危害性

实际上，执行过程打折扣，是整个企业内部不同程度地缺乏工作积极性和主动性的表现。而执行打折扣，也会相当危害企业管理者的工作效果。

首先，执行打折扣，会导致企业管理费用增加。这是因为员工总是无法切实执行上级的命令，因此，其工作的进展、工作的效果都不在管理者的工作计划中，无法完成应该完成的目标。这样，为了解决前期执行不到位的问题，管理者又需要动用新的额外的成本，导致管理成本上升，甚至会导致企业上下陷入工作分不清主次的困境之中。

其次，执行打折扣，会导致企业的指挥系统失效，而工作效率有所下降。如果执行过程经常打折扣，企业管理者就无法很好地起到原来在企业中应该发挥的作用。而这样的指挥系统就难以承担企业组织结构运作的主要部分，当指挥系统失灵以后，整个企业的运作就更加低效甚至瘫痪。

最后，那些在执行中容易打折扣的员工，很容易失去周围员工的信任。这是因为对执行经常打折扣的人，初次可能不会出什么问题，但长期打折扣，必然会导致整体工作执行的效果下降。这样的结果对于整个团队来说都是不公平的，也是令其他员工无法接受的。这样，员工之间就会产生裂痕，上下级之间会失去相互信任，而这种状况显然不利于团队和企业的整体发展。

因此，对于企业管理者来说，要学会对员工进行更多服从性、主动性的教育引导，必须帮助员工能够认识到，执行打折扣行为的危害

性。除此之外，还需要进行必要的考核和奖惩措施，从而推动员工执行的热情，这是因为一旦涉及个人利益来评价执行，员工的热情很容易点燃，而其执行态度也就更加容易被纠正。

中国企业管理界的奇才史玉柱，曾经这样谈到执行不打折扣的问题。他指出，对企业员工素质最重要的要求，就是“说到做到”，他对自己和员工都要求这种在工作中绝不打折扣的精神。只要承诺执行的事情，就一定要在限期前妥善做完；而如果没有执行到位打了折扣，就一定要遭到处罚。

史玉柱说，按照他的管理经验来看，越是那些没有本事的员工，学会推脱责任、为执行打折扣找理由的本事就越大。所以，在他的管理中，并不需要下属解释原因，只需要他们对部门的事情切实负责。在这样的要求下，整个企业都学会说实话，老实执行，而不是大搞浮夸。

事实上，对于一个商业模式成熟、管理充分到位的企业组织来说，在运行中，执行是否到位而不打折扣，比起单纯的创新超越更加重要。不少企业之所以有理论上正确的战略，但却没有真正做起来，其实就是因为缺乏真正的执行到位而不打折扣。

但和这些企业相比，史玉柱对自己管理的企业中所具备的“执行不打折扣”特点感到相当自豪和骄傲。他说：“我不会承认任何人说我们企业的执行差。这是因为每年大年三十，你只需要去全国50万家商场和药店看看就知道，别人早就回家过年，我们的9000名销售员工还是在冒着寒风，在那里一丝不苟、毫不打折地进行脑白金产品促销。如果执行打折扣，这样的干劲是从哪里来的？”

和史玉柱所说的一样，这些企业基层员工的干劲，并不仅仅来自上级对他们单方面的要求，也来自整个企业的文化和理念，更来自整个企业的制度。

不少企业管理者都有过类似的抱怨："我们的决策和制度是好的，就是在基层执行的时候会不断打折扣。"似乎这样抱怨之后，就能够将基层执行打折扣的责任全部算到基层员工头上去。但问题是，企业制定出来的不同工作制度，并非摆设，而是要运用其有效手段来确保执行的到位。因此，企业管理者对于那些执行打折扣的员工进行适当惩罚是有必要的，只有通过这样的手段，才能确保今后执行不打折扣。

2. 执行的有效落实，还需要企业领导者的密切关注、紧密指挥和合理调度

这样的工作并不是对基层员工的要求，也不是对某一个或者某几个领导者的要求，而是对企业内部所有领导者、管理者的要求。只有不同级别的管理者都能够对企业是否执行到位的问题保持紧密关注，企业的战略或者计划，才能够不折不扣地得到充分落实，因此，一个真正重视执行到位的企业领导队伍，必须要由能够带头领导下属完成执行任务的组织者构成。而只有不同级别的管理者都能够担当起这样的角色，他们才能在对员工执行落实工作中的工作重点予以明确，并避免执行过程中层层打折扣问题，指挥下属做到有效地完成工作任务。

因此，企业领导者如果想减少企业执行打折扣的问题，不仅要重视对基层员工的制度约束，更应该进一步充实企业的管理队伍。在选拔不同层面的管理者时，不但要注意观察这些中层管理者的工作业务能力、工作管理技巧，更重要的还在于考察他们的引导、落实和监督能力，包括他们是否能够引导下属有效推进任务、是否能监督并确保下属有积极性和工作热情去完成执行全部过程等。这是因为只有当企

业从中层到基层的所有管理者都具备落实能力之后，才能领导所有下属完成工作任务，企业的战略计划才会通过实际的行动变成真正的成功。

3. 企业领导者想要减少执行打折扣问题的影响，就要让员工学会更高效率的工作方法

一些企业的员工在工作中分不清重点，因此总是不能用最集中的注意力去做最重要的事情，甚至根本就不知道哪些事情是最应该做的事情，结果因此而导致执行总是出现各种不到位问题。为此，领导者应该针对下属员工需要达成的目标，计划出处理工作事情的优先表，列出整个团队在最短时间内最需要解决的问题，并且根据重要性和需求性进行相应程度的排列，从而确保整个团队在执行过程中能够顺利、高效地努力。

另外，在整个执行的过程中，不同的领导者要根据实际情况，判断团队的执行是否高效，是否能够做到没有拖延和不打折扣，并是否采取了有效措施保证他们的执行到位。抓住这些焦点问题，才是提高执行效果的关键。

提升秘密 2

小心，“上有政策下有对策”

值得警惕的是，中国正有越来越多的企业在陷入一个怪圈之

中——上有政策，下有对策。这个现象在许多企业都能看到，但却经常不被高层领导所发现和重视。

例如，当企业的高层领导认为制度执行不力，或者发现其中存在的漏洞时，第一个反应就是制定出更加严格的规章制度、进行更多的检查、要求上报更多的报表等。但这种表面上的轰轰烈烈之后，企业的许多问题照样存在，甚至更加严重。究其原因，在于针对高层领导所制定的政策，下层也会很快出现相应的对策。例如，更多的弄虚作假手段，如专门安排人校对数字、专业填表，或者组织员工形成假象等，这样，在上级的检查中，看到的只有企业不同部门团队所获得的胜利果实，而没有所谓执行不力。

另一种用来应对政策的方法，是寻找有效“对策”进行回避的员工表现。例如，在一些企业中，制定的规章制度越来越多，用来监管的手段却相对缺乏，导致没有员工能够搞得清楚究竟怎样执行制度，最终没有员工在乎这些制度。于是，正式的政策被忽视而放在一边，员工开始按照自行制定的“对策”即潜规则行事。而企业高层领导看到事情发展开始失控，就进一步制定政策和规章，这样就会更加容易陷入怪圈，加速了执行效率的降低。

例如，在某家企业中，安全规范制定的并不少，但依然出现了好几次安全事故。企业高层下令，要求部门领导必须要跟随一线工人工作，监督管理安全状况，结果，居然有部门在短短时间内提升了好几名部门助理，担任跟随工作的领导角色。

总体来说，“上有政策，下有对策”的现状，主要表现为上级做出的不同指示，在具体下传中，总是会受到来自基层不同利益者的干扰、歪曲，结果最终的效果和决策者起初制订执行方案时想要获得的

初衷有着很大的差距，甚至最终南辕北辙。对于企业来说，这种情况很容易让一个本身良好的执行方针无法完整地贯彻实现，并无法实现企业的经营管理目标。从这个角度来看，“上有政策、下有对策”情况有着很大的危害力和破坏力。

但是，身为企业的领导者，又不能简单地看待“上有政策，下有对策”的现象。

1. “上有政策，下有对策”在某种程度上是有其存在合理性的

作为企业的高层领导，是政策的制定者而不是执行者，因此，他们所制定的政策，很容易在一些方面没有考虑到基层员工所掌握的信息，或者忽视了基层员工的利益，也有可能在制定政策的过程中并没有看到基层执行过程中的问题、困难或者风险。这样，企业高层领导所制定出的政策，就并不总是符合基层的执行情况了。而当基层接到这样的政策之后，他们所要做的必须是执行，而实际上的信息差异和思维反差又导致他们无法真正做到正确执行，这样，寻找必要的“对策”，起码在表面上完成执行，成为基层员工和管理者看起来理性的选择，这一点也就并不奇怪了。

例如，某家企业经常采取发放文件的形式调整基层的工作重点，而不同的部门如市场部、营销部或者行政部发放的文件又经常发生抵触。但这些文件在下发之后，企业的高层管理者几乎没有开展过对文件看法的了解和反馈工作，而是一味地要求下属能够按照文件百分百做到。这导致基层员工经常采取造假的方式应对文件中所提及的工作标准，甚至编造不同的工作结果，应对不同文件提出的要求。可想而知，这种情况导致出现“上有政策、下有对策”也就并不奇怪了。

实际上，企业的高层领导者在制定执行政策之前，就应该避免出

现政策出发点不明确、不贴合实际的现象。为此，高层领导者应当将政策的出发点建立在基层员工实际面对的工作情况上，而并非仅仅从自己对执行环境的观察或推想上。例如，领导者应具体了解执行工作的细节情况包括成功因素、困难来源、资源情况等，这样，才能做出适合基层执行的政策并深入推进，避免因为政策本身的设计缺陷，诱发“下有对策”的情况出现。

2. “上有政策，下有对策”经常出自部门或者个人的利益原因

企业领导不应忘记，企业内任何政策执行的主体，都是具有其自身的利益诉求的。在执行过程中，作为相对独立的利益主体，一些企业的部门和员工有较为严重的本位主义。他们的执行目标并不完全在于如何扩大企业的业绩和利益上，而是通过对执行过程的擅自改变，扩大自身利益，或维护自身的既得利益。这种情况在不少企业中并不鲜见，可以说很大程度上影响了企业高层对企业的控制，也妨碍了企业内部资源的有效配置。

比较常见的一个例子是，在许多企业的市场营销工作中，从部门到员工，都存在着“压业绩”的执行问题。即当上层制定出一定时间段的业绩目标之后，部门或员工因为担心下个时间段的业绩目标无法完成，就将本时间段已经完成的业绩有意拖延到下个时间段签单，这样，在表面上看起来，政策得到了很好的执行，从上到下都完成了业绩目标。但实际上，对政策的解读已经受到严重干扰，导致企业的潜力无从释放而业绩难以提高。

针对这种情况，需要企业的领导者深入解读部门和员工是如何对自身利益和整体利益进行定位的，从中确定是否需要对企业中局部利益和整体利益进行平衡、协调与统一。同时，在制定政策时，领导者

不妨更加人性化一点，能够既着眼于整体利益，同时又能调动资源，确保部门利益和个人利益，并引导下属看到这样的统一。这样，因为利益问题而产生的“上有政策、下有对策”就能得到有效地减少了。

3.“上有政策、下有对策”的问题经常根源于领导者对执行者缺乏关心和信任，由此导致上下层级之间产生严重隔阂与分歧

在这种情况下，无论上层领导制定怎样的政策，都有可能受到基层的暗中反对或者自行其是。

美国漫画家斯考特·亚当斯曾经创作过一部“呆伯特法则”的漫画，该漫画在全世界40多个国家将近2000份报纸杂志上曾经连载。这个称为“呆伯特”的主角是个虽然工作勤恳但运气不好的工程师，经常被上司和其他同事所轻视。为此，他发明并宣扬出很多用来对付领导决策的“原理”，例如：要用一连串的破坏，来弥补自己犯的大错误；把没什么利益的好处向同事那里推送；用各种手段对付来咨询的人，从而垄断信息；在走廊上走动时，手里要记得拿公文；下班也要记得带公文回家，就算只是拿回去当燃料；不要给坏员工坏的考绩，否则他们就会一直留在你的团队中……

该漫画的作者，自己在太平洋贝尔公司做了九年的小职员，他承认，自己的灵感就是来自这个阶段的工作经历。

事实上，企业领导者应该从这部漫画中读懂员工的真正诉求。不少员工并没有在企业中感受到来自领导者对其个人实际利益的关注，也没有获得领导对其个人成长路径的关心，因此，他们在执行政策的过程中，很容易由于不同的主客观环境，而产生放弃努力、敷衍应对

甚至是对抗的心态，这种心态固然和员工个人有关，但也同其领导者的态度有关。领导者应该真正地关心员工，而并非漠视基层员工，对员工进行人性化管理，才能避免因为员工心理上的抵触产生用“对策”消解“政策”的现象。

提升秘密 3

履行职责不能有头无尾

为什么执行经常有头无尾？面对这个问题，可能许多企业领导都会有自己的回答。但不可否认的是，很多企业之所以出现如此情况，和领导在对执行进行监督管理的过程中，其职责履行有头无尾的问题，有着很大联系。反之，**如果想要看到执行的效果，就需要领导做好本层级的监督管理工作，并持之以恒，伴随执行的过程从头到尾做好监督。**

带领 IBM 走出困境的著名总裁郭士纳，在谈到执行问题时曾经说过：“员工不会去做你希望做的，而只会去做你监督的和检查的。”这句话点明了领导保持从头到尾履行监督职责的重要性。这是因为，监督和检查，是促使员工将执行落实到位的关键步骤。因为即使制度良好，也需要靠每个个体的人来实践工作，否则，执行无法从制度中获得益处，而制度也无法对执行产生积极作用。而领导者要将执行的过程变得更加自觉，做好检查监督的工作、履行好自己的领导角色才是重要的关键，是真正推动执行效果的保障。

某电器公司，是一家国企背景的大公司，向来重视在执行过程中领导对下属工作的监督。该公司的总经理提出，监督角色，是执行体系中的重要组成部分。因此，在该企业中，领导对监督职责的履行，始终是贯穿执行的，小到一张财务票据，大到关系到企业重要战略改变的项目研究。

举例来说，某次，后勤部员工M去为企业的员工宿舍购买生活用品，但当时采购方超市由于临时出现票据短缺，就给了他一张等额餐饮票据来代替。但最后，这张价值500元的餐饮票，还是被财务部门的领导监督发现。

在搞清楚事情的原因之后，财务部门领导坚持要求M去找超市方补办合格发票，并将这件事情通知到后勤部门的领导。在双重监督下，M只好按照企业制度办事，找到合作的超市，将情况向对方说明，并要求对方必须要补办合格的发票。由于M的坚持，超市方面很快补足了发票，并补开给M。最终，这个问题获得了圆满的解决。

类似的大量实例，在这家公司并不少见，很多时候，员工抱怨说相关部门、相关领导的监督太过较真。但这时候，总经理都会提醒大家说："所谓的较真，就是对监督职责的有效履行，只有当领导能够将他们各自的职责履行好，才能督促所有人将各自的工作职责履行好。这种职责履行意识，是每个人都需要的，也是企业发展的重要保障。"

从这家公司对执行的监督管理实践中可以看到，领导者是否能积极而稳定地扮演好自己的角色、履行自己的职责，将会影响到企业整体执行的效率高低。

当前，许多企业存在着半截子执行的现象，企业管理者认为，将任务布置之后，就等于将工作进行了分解。然而，执行效果如何，具体由谁进行检查监督，执行工作进展的情况如何，这些问题企业领导者都没有充分履行职责来进行监督管理。这就很容易导致企业的整体战略目标变成口号，而对企业的发展难以推动。

企业管理者如果能够懂得如何持续地履行监督职责，将会对执行的落实过程非常有利。因为领导的履行职责，将能够确保员工在工作中时刻有严肃的制度约束感。而在员工看来，企业领导的角色职责中有重要的监督部分，这就要求他们是公正客观的态度，不能随意停止监督管理，只有这样才能确保他们履职工作的公正和严肃。

然而，企业领导者怎样才能真正做好自己在监督管理上的履职工作呢？需要注意的是，领导者除了这样的职责之外，还有其他不同的职责如战略规划、资源调集等。因此，与其单方面在监督技巧和工具上努力，不如集中精力，建立起有效的职责履行体系。下面的方法，可以帮助企业领导者做到这一点。

1. 领导应该明确每一个层级的监督职责，不需要监督太多，而应该将监督和控制集中在最重要的内容上

打一个比方，汽车仪表盘上的设备，主要是给司机履行职责所使用，而在汽车表盘上，并没有多余的仪表。这是因为在司机驾驶车辆时，需要监督控制的是速度和路线，而汽车其他部件，则不需要在仪表盘上进行管理控制。实际上，在企业的领导过程中也一样，每个层级管理者的监督职责应该是集中的、明确的，而不应该任由每个管理

者随意监督过于宽泛的东西，否则很容易将最应该监督的重要内容丢失。

例如，曾经有企业在执行制度中规定，员工为客户服务的时候，首先要鞠躬四十度左右来打招呼。这样的规定看起来相当细致而到位，但实际上，并不利于领导者进行具体地履行监督管理职责。相反，和“营造良好的热情服务形象”相比，则后者更为容易地被领导者作为标准来进行监督管理，履行职责。这是因为无论员工的鞠躬程度是否到达四十度，员工营造出良好的服务形象，传递企业的热情，才是最重要的，而且也是便于被监督和管理的，反之，鞠躬的程度，则并不容易被领导者观察和评价。

这说明，在领导企业的过程中，为了便于履行职责，领导者并不需要总是将制度规定得特别细化。因为过于细致，不但员工执行起来不容易到位，领导者在监督的过程中会更加麻烦，而这往往导致最终领导者职责的丢失。

2. 领导想要做好执行的监督工作，扮演好自己的角色，就要不断走动，深入观察自己的下属是如何工作的

不少管理者在短时间内确实能很好地履行自己的职责，但是时间一长，他们很容易慢慢放松对履行职责的要求。反之，如果能够形成持续的工作习惯，还将能影响到自己领导下的那些管理者，并集体履行好各自职责，将企业做大做强。

在监督管理时，领导者要勤于出现在工作现场，即领导者不能总是坐在自己的办公桌前，而是应该到员工现场工作的地方，对执行的情况进行观察和了解。这就意味着领导者如果想良好履职，就必须经常走动，这样，观察角度能够得到不断变换，远远比坐在办公桌前阅

读文件、分析报表获得的信息更多，而且能够得到更多履行职责的依据。

3. 领导者还应该学会利用员工的力量，帮助自己履行职责

实际上，对员工工作的监督管理，并不一定完全都是领导者个人的能力。在许多企业，成立了专门由员工组成的监督小组，能够很好地帮助领导者履职，从而提升执行力。

领导者不妨认真进行深思熟虑，并对监督小组的组成人员进行严密选择，挑选那些工作经验较为丰富、办事公正、有良好责任心的员工，让他们组成关于制度落实情况、产品质量情况、执行效率、生产安全等方面的监督管理团队，要求他们帮助整个企业发挥监督作用。这样的监督小组能够更好地表现自己的责任心，运用自己的能力，也能弥补领导者因为个人时间和精力不足所产生的漏洞，从而帮助企业建立对执行非常有效的监督体系，确保领导的职责得以履行。

提升秘密 4

堵上执行的“空子”

尽管每个企业的领导者都在努力提高执行的质量，做到对执行的过程善始善终，然而，我们必须意识到，永远不可能出现完美无瑕的企业，也不会有任何一个公司的执行过程是彻底不需要改变的。**所谓完美的执行，其实更多是一种理想状态，或者是已经僵死而失去活**

力的。

领导者必须正视，执行的规划无论你怎样设计，都会有所残缺，而其中的漏洞，在执行过程中不断暴露并予以解决，才能为企业的将来增添生机活力。在这样的漏洞之后，蕴含着企业可以发掘的潜力，而企业执行质量的高低，也在于其执行过程中“空子”究竟有多大、多重要，能够在何种速度下被发现和解决。这也就意味着，如果企业领导者不能及时发现执行过程中的漏洞，带给企业的隐患可能是致命的。

1994年8月，三株口服液研制成功，同时，三株实业有限公司在济南成立。同一年，三株口服液的总体销售额就到达了1.25亿元。这让三株的高层领导感到相当兴奋，在最辉煌的时期，三株总裁发誓要在十年内进入世界五百强。然而，仅仅数年之后的1997年，三株却因为他们在常德市发生的一场并不算大的索赔官司而遭到全盘打击，原本能够年产百亿元的制药厂因此而停产，原来覆盖全国的营销网络也迅速萎缩。究竟幕后是怎样的原因，导致三株看似辉煌的大厦如此不堪一击？

事实上，所谓常德的官司，只不过是一次导火索而已，三株内部的执行管理问题才是发生毁灭的根源。

在三株执行的过程中，有着很多潜在的漏洞，而这些漏洞首先来自其内部管理上的多层级结构弊端问题。在1997年，三株在地市级别的子公司，就高达300多家，而县级办事处则有两千多个，乡镇级别的工作站则在数量上增长到1200个。虽然表面上看起来，三株的执行结构队伍人数众多，但另一面，其执行机构重叠，人浮于事，经常在执行过程中相互扯皮，甚至在其执行的机构中出现了一部电话都需要三个员工来负责的问题现象。

除了执行机构上的混乱导致的漏洞之外，三株在应对执行管理的过程中，也有很多漏洞，导致基层员工有很多空子可以钻。

例如，为了统一全国市场，该企业设计了十几种报表，从而及时反映不同环节的动态。然而，具体到基层的办事处时，就没有多少真实的数字来反映，基层经常采取造假方式填表然后交给上级。在某次总结会上，三株的高层指出，在三株，临时工骗执行经理，执行经理骗经理，经理骗地区经理，最后骗公司总部。

另外，三株在很多执行的方面都出现了空子，导致一线销售工作几乎瘫痪，子公司为了追求扩大自己的销量，不断夸大功效和诋毁对手。公司总部为了平息这些事情引起的官司，不断付出大量精力——仅在1997年上半年，三株公司就因为虚假宣传等问题遭到了十几次起诉，虽然企业总部曾经多次禁止子公司出现违法违纪现象，但执行的漏洞始终没有堵上，公司也最终因此而失败。

从三株的失败经历中可以看到，执行中解决漏洞的能力，也是整个企业竞争力的重要组成部分。领导者这样的能力在表面上看起来似乎并不一定直接创造价值，但却能在无形中为企业创造出价值，带来成长的动力。但如果在对执行进行管理的过程中产生了回避漏洞、隐瞒漏洞的风气，企业就很容易走向失败。反观三株集团的例子能够看到，正因为从一开始就没有解决执行中的漏洞，从而导致企业上下风气不正、问题频出，最终积重难返。

企业中常见的执行不到位现象，并不一定表示执行刚开始的时候就会产生问题，而是在执行过程当中，去不断发现执行方法中的漏洞。

事实上，社会中的任何事情都需要不断工作、不断修正，随时进行调整和修补。

1. 企业领导者一定要充分关注执行过程中的细节

因为关注细节，他们提出的执行目标就不会只是停留在口号层面，而是会形成具体的方法和手段，去解决执行中可能产生的风险；因为关注细节，在执行集中于产品和服务的表现上时，就能够表现得更加专业和内行，从而预防执行过程中的漏洞蔓延；因为关注细节，在执行过程中的竞争状态下，企业就不会因为漏洞难以解决，而总是落后于竞争对手，或者是产品和服务比对手的水平较差；因为关注细节，对政策的执行过程中，就会更加精准地发现其中的破绽和漏洞。

为此，企业的领导应该要求整个企业从上到下追求执行过程更多的完美，预防和解决更多细节问题。

2. 领导应该注重利用企业的制度规范去发挥警示和防范作用

这种警示和防范作用，主要是针对员工人性中的弱点与缺陷，从而确保员工的需求和愿望能够得到有效满足或引导。更重要的是，在这样的制度规范下，员工能够逐步摆脱个人性格上的弱点和缺陷对工作的影响。他们能够因为这样的严格制度规范而更加理智地管理自己，更加清醒地做好工作中的事情，而不会只是按照自己个人的利益和需求愿望来进行工作。反之，企业领导如果没有制定和使用管理规范中的警示作用，那么员工就更多只能在执行中进行自我管理，这样，他们个人的人性弱点和性格缺陷以及超越正当的需求，就会成为执行过程中的漏洞。

因此，企业家应该明白，对任何员工都不能完全建立在个人层面上给出“放心”，这样的放心看上去是信任，但实际上很有可能是漏洞。企业领导者必须有效防范个人性格、利益、需求等方面对企业执行所造成的风险，有效防止这些因素对企业造成破坏。这就要求企业领导者利用最基本同时也是最重要的措施——建立好科学合理的执行管理规范，包括规章制度、执行流程和执行标准等。

当然，仅仅是执行好科学、合理的制度规范，看起来很简单，似乎更多地就是编写不同的制度、条例、标准等。然而，不少企业尽管有不同的制度条例，但实际上却总是出现不同的漏洞，并没有真正起到实际上的预防作用，其原因在于领导者并没有对制度规范进行真正理性上的分析，而是更多地为制定规范制度而制定规范制度。实际上，只有将制定规范制度和解决具体漏洞结合起来，才能堵上执行的漏洞。

3. 想要预防执行中的漏洞，管理者还需要按照原则来进行工作

第一，应该对员工在执行中的具体职责、工作内容、质量要求和完成标准等方面，进行具体、明确、规范的要求，而不能只是模糊笼统地作出指示。应该对员工给出明确指示和要求，并利用制度施加必要的压力。另外，领导者还要学会放权给不同部门的管理者，为他们提供对其下属进行督促指正、批评处罚的不同依据。

第二，当执行涉及整个企业和员工的经济利益方面时，企业领导必须对其执行的策略、管理、财务、采购和差旅方面的管理等，都要做出明确规定，包括具体的监控方法说明。这样，员工和中层管理者才都能得到明确地指引和警示，从而自觉地在执行中预防风险、堵住漏洞。

第三，企业领导者应该要求执行符合客观的规律、符合市场的需求，并对质量和效率进行保障。而促进员工在这些方面进行努力的规定，也应该明确而具体，注意细节对员工的影响，从而督促员工形成

良好的执行习惯，保持良好的执行质量，这样，执行的问题才能得到提前解决。

第四，企业领导者应该对个人的工作权力、岗位责任、个人利益和工作义务之间的关系进行理顺，从而督促员工自律和相互监督，进行一环扣一环地监控，从而堵住漏洞的发源点，制约管理者的权力或员工私人关系对执行的干扰。

提升秘密 5

时间不管便是“拖”

在曾经的市场竞争中，企业领导者经常会听到“大鱼吃小鱼”的比喻，并以此来形容市场竞争的激烈。但目前的市场已经进入信息技术、互联网技术迅速发展的竞争环境中，更是一个“快鱼吃慢鱼”的时代。这说明，执行速度在企业整体竞争中的重要性显然进一步提高。这就要求**企业从规划到决策再到执行的速度都要更快、所用的时间都要更短，才能让执行力尽快跟上角色速度和市场的变化。**

早在改革开放初期，已经有很多企业家意识到“不管时间便会拖”的问题，并在对企业的领导过程中进行预防和解决。

1992 年，温州乐清一家五金机械厂的朱厂长来到上海洽谈业务。业务谈完的当天晚上，他吃完晚饭以后，就来到上海街头逛街。当时正是秋天，上海街头随处可见民众喜欢食用的糖炒板栗摊点。在热闹的“大世界”门口，朱厂长看到一家食品店门口，排出长队在购买板栗。这样的情况，立即让朱厂长产生了职业的注意。当他再次认真观察在店门前买板栗的人的时候，发现他们在买到板栗以后急于尝鲜，而板栗壳却并不容易剥开，于是有的人将板栗壳弄得四分五裂，也有的人将板栗肉弄得满嘴都是，相当麻烦。

朱厂长立刻想到，如果现在能够给他们每个人提供一个剥栗的器械，那么，销售情况一定会很好。于是，他立刻回到宾馆，开始画出剥栗器的草图来，很快，器械的基本情况就成型了。制作材料是镀锌铁皮，整体成本只有1.5角一个，而出厂价是3角。

半个小时以后，朱厂长推开那家炒货店办公室的门，向店长推荐了自己的这个发明。店长很欣赏这样的器械，但也提出，这个发明必须要趁早，否则就赶不上现在的购买热度了。为此，店长打算给出两个月的期限。但朱厂长笑着回答道：“两个月？不需要的。只要给我一周，我就能将产品送到店里面来。”店长显然觉得这样的速度不大可能，他回答说：“审批、核价这样的手续，最少也要两个月啊。”对于这样的质疑，朱厂长并没有当场回答。

当天晚上，朱厂长就在宾馆里面找到传真机，向厂内的技术部门传真了一个他设计的剥栗器草图，两小时后，模具生产出来，然后当晚找到工人，在冲床上开始施工。三天之后，朱厂长就接到了厂办公室打来的电话，说已经发货了。

如此之快的速度震惊了店长，很快，上海大大小小的炒栗子门店和摊贩都成了朱厂长产品的经销商。

朱厂长之所以带领企业迅速拿下这个市场，是由于两方面的速度。首先，他看到顾客辛苦地去剥板栗，意识到这里面的商业机会，并利用比他人更快的规划速度设计出了产品。其次，在于朱厂长对企业生产进度的监督指导，能够要求下属在最快的情况下，将产品生产出来。正是这样从规划到落实都看重速度的管理思想下，朱厂长的企业不仅解决了消费者的实际困难，填补了市场空白，也赚得盆满钵满。可以说，这样的领导者，才是一个快速而有效的执行领导者，他之所以能够获得成功，其重要原因就在于重视执行的时间因素。

时间发展到今天，市场竞争的状态和1992年已经不能同日而语。因此，衡量一个企业、一个领导者、一个部门乃至一个员工执行力是否充分，速度是重要的衡量标准。如果在能够确保取得相同执行效果的同时，企业或者个人花在有效执行上的时间越少，速度越高，那么，这样的员工、团队和企业就越是能够富有竞争力。因此，在许多条件下，执行力的比拼，归根结底是一个时间上的比拼，有能够超越同行的速度，才叫有执行力；而速度比同行慢，很多情况下，即使效果相同，甚至比同行更好，也会导致失去战机。这样，原本再好的执行规划和决策，也会因此而失去价值，这就很难称为有效的执行力了。

当然，执行力并非能够如愿以偿地提高，同样，执行速度也并非能够轻而易举地加快。想要节省执行的时间，提高执行的速度，必须要有着完备的控制制度。这样的控制制度，首先要能够为执行排除掉障碍。例如，不必要的流程环节、烦琐的程序、过于细分的等级、官僚本位主义、责任的推脱、无意义的权限划分、部门拖延的习惯等，这些不良工作毛病都能从不同程度上影响每个部门、每个员工的工作速度，而去除这些障碍，也能更好地为执行带来速度的提升。

下面是对企业领导者提高执行速度的几点建议。

1. 应该真正精简办公流程，减少那些不必要的审批环节，从而节约办公时间，高效完成执行

在对办公流程的精简过程中，应该针对企业中那些官僚主义的做法进行改变。例如，当员工对某项工作有看法或者建议而想向企业反映的时候，他必须先对上司反映或者提交书面申请，而上司又要按照层级不断向上反映，这样的程序走下来，最少也需要数天时间。而只要中间产生某一个环节的堵塞，就很可能导致其想法和建议被完全搁置，这样，不仅会影响企业本身执行力提高，还会埋下未来员工执行热情下降的隐患。其实，不少管理先进的公司已经规定，员工一旦产生和执行相关的想法或者发现，可以直接向其主管的最高领导汇报，这样可以省去中间的不必要的繁杂手续，从而有效提高执行速度，节约执行时间。

2. 优化内部的执行结构和机制，充分调动员工的工作主动性

曾经有过这样一个案例：某企业在处理一批数据库核算工作时需要员工加班，一开始按照天数来计算加班经费，每天最多处理 60 个数据库。但后来按照处理数量计算，第二天就突破了 100 个数据库。实际上，员工没有变，执行方法也没有变，但因为执行的结构和机制改变了，执行速度就得到了有效提高。

这样的案例说明，企业管理者在思考自身执行速度的同时，不应该忽视执行的机制尤其是评价机制，是否能充分调动员工的主动性、积极性，是否会影响员工正常的工作速度。当领导者能够提供一个良

好的机制来监督和指导员工工作的主动性时，他们的执行速度自然能够得到加快。

3. 将执行的大目标分解成为小的执行任务，让不同的人在不同的岗位上充分负责

很多时候，一项整体任务的执行，并非一个人就能完成，这需要对任务的有效分配，对责任的有效分解、监督和配合。当任务分解之后，员工和团队之间的关系会显得更加紧密，而按照木桶效应，其中任何一个人、一个团队带来的拖延、懒惰和效率下降，都可能导致整个企业中其他人的完成速度被降低。因此，企业领导应该针对这样的问题，将大的工作目标合理分成细化的任务和环节，并分配到不同的员工手上，这样，每个人都应该对自己的工作任务予以负责，责任得到了明确，不同的员工都无法懈怠。这样，企业整体的执行速度就得以加快，而无法陷入“拖时间”的泥潭中。

提升秘密 6

加大监管力度而不是“作秀”

能够解决企业在执行过程中不断遭遇的问题，做好加大监管力度，成为很多企业领导所看重的方法。在他们看来，监督管理能够提升企业执行能力，也能够最大限度地激发员工的潜能。然而，在许多企业的监管过程中，领导的监管力度并没有真正发挥出其应有的作

用，而在实际的监督管理过程中，也很容易陷入种种问题，并无法取得预期的效果，而类似“作秀”的监督力度，直接影响了执行管理的效果。

一家民营企业采用关键绩效指标进行考核，为了确保指标数据具备公正、可靠和有效，考核数据都是按照监督部门的资料提供出来的。通过这样的设计，企业领导认为可以防止出现部门内部考核自身的现象，并希望因此而杜绝作假的问题，又能够让每个员工的工作受到其他员工或者部门的监督管理。但问题是，这个考核监督体系本身并非完全妥善，甚至存在“作秀”的嫌疑。重点在于，其中生产部门、物控部门的部分考核数据，是由品管部门提供的，而品管部门的数据由财务部门提供，财务部门则由审计部门负责提供数据进行考核。但最后，审计部门的考核数据并没有提供的来源。这样，整个看起来完整严密的监督管理体系，最终变成了单向循环的监督效应，陷入了“作秀”的监督泥潭中。

企业管理者的监督行为之所以或多或少成为一种“作秀”，问题并非完全来自领导者个人。回顾我国中小企业发展成长的历史就能够发现，中小企业因为自身的特点，例如，管理基础不足、资金不足、员工素质不足等，都容易造成绝大多数企业文化的发展建设不足，企业员工上下追求的并非整体在精神层面的共同追求，而是大都单纯地接受企业在规章制度上的约束，或者直接被物质的奖惩来吸引驱动。这样，就会导致员工缺乏必要的凝聚力，他们对执行的态度就是重物质、轻精神。当企业经济效益较好的情况下，员工就会努力执行；反之，经济效益不好的时候，执行力就会下降。面对这样的情况，企业管理者的很多理论上成功的监督手段在实际上无法到位，很容易在员工的不作为下，表现得过分浮于表面，并直接导致员工进一步只关注物质奖励，而忽视精神或制度上的监督。

同时，企业的制度不完善，也很大程度上导致领导监督管理的“作秀”，众所周知，企业的管理制度才是企业日常生产经营活动中有关执行的保障，而严谨、完备和科学的管理制度，则能够有利于企业整体的健康发展。但是，中国许多企业的成就初始，很大程度上都是由其创始人按照自己的个人能力、勇气和机会等因素结合而获得的，他们已经习惯于由自己个人独立进行操作领导，或者是去直接指挥他人进行执行，这就导致企业的领导者习惯于更多地依靠人治或者经验治理，而并不信任科学和健全的管理制度。因此，人治和经验模式的管理制度，主要缺陷在于管理的主观随意性强而科学性差，也有可能出现领导者越级指挥、专权监督的现象。最终，领导者的监督都成为了某种程度上的“作秀”，而给企业的执行过程带来了很大的潜在障碍。

下面是某家公司真实的监督“作秀”案例。

某公司市场部的员工在市场营销一线发现了重大问题，该公司大客户正在酝酿合同到期以后马上终止。于是，他打电话给主管报告：“主管，公司这家大客户马上就要丢掉了，这会直接影响我们团队的销售业绩，怎么办?”

主管说：“你不要慌，镇定一点等待指示!”挂上电话，主管马上给副总打电话报告：“副总，我们市场部出现点问题，有个大客户可能要流失。”

副总想了想，觉得这个大客户并不是自己一直看重的客户，事情并不可怕，于是说：“没关系，流失一个客户，总结一下经验教训吧。不要太紧张，你们市场部手头还有其他很多大客户，再努力开拓耗时长，做好营销服务工作，争取更多合作吧。”

下午总裁会议上，总裁询问这位副总最近市场开拓情况。副总汇报说：“总裁，目前市场开拓情况发展很正常，业务维护得都不错，一些很有实力的客户都有想要和我们合作的意向。”

总裁一向很信任这位的确带来了不少业绩的副总，于是他嗯了一声，示意其他下属继续汇报工作，心里还觉得这位副总相当能干。但是直到又过了一个月，公司召开每月销售业绩总结会议的时候，副总才阴沉着脸，得知公司最近一个月的市场业绩因为那个大客户的退出而大幅度下降……

这样的案例并不少见。某些企业的高层领导在听取下属作汇报、或者对下属的执行工作进行监督时，往往容易犯下“选择性相信”“选择性观察”的问题，他们潜意识中喜欢听下属大谈成绩，讲工作好的方面，而下属则容易按照上司的这种情况，对于执行中的问题进行轻描淡写一带而过。由于高层领导对某些下属的过分信任，这样很容易影响企业领导作出正确的监督，导致监督变成走过场，从而失去了监督的意义，并失去了通过监督来解决执行问题的时机。最终，导致原来在执行中的小问题、小矛盾不断演化，而变成矛盾和灾难，对企业造成严重的损失。

对于这种现象，英特尔公司的前任 CEO 格鲁夫就曾经指出：**“高层领导者有时候直到很晚，才明白他周围的世界已经发生了变化，而老板则是最后一个知道真相的人。”**其实，最应该负责的还是老板。

因为他本人并没有将监督当成真正的工作来负责。

为了改变监督“作秀”的状态，企业领导者应该养成积极沟通、及时检查的习惯，否则，身为企业的领导者，就无法真正清楚员工是否已经完全听明白了执行的步骤，也无法明确自己是不是真的清楚了解员工工作的进展，不清楚员工在执行过程中出现哪些问题，最终无法对员工提供指导和帮助。因此，企业领导者有必要做到下面几点。

1. 为了将监管工作做到位，必须指定不同的执行阶段负责人，对他们直接授权进行监管

一些企业的高层领导总是不明白，为什么他做出执行规划和决策的时候明明说清楚了，而自己去根据规划和决策去监管的时候，似乎进度也是自己想要的，但最终结果出来的时候却是完全不同。实际上，这样的情况称为执行过程中的走样，而个人进行监管总是很难发现每一处走样的。比如，下属在某个工作环节上理解出现了问题，某个层级的管理者在交代执行任务时较为笼统等，结果，就会导致高层领导的监管完全难以产生效果。为了预防和解决这样的问题，高层领导在下达命令时，应该尽量指定那些直接的负责人，当面向他交代清楚执行的任务、需要注意的问题、完成的期限等。这样，就能避免执行中发生太多的变数，也容易让领导者对执行进行的监管更加到位、精准。

2. 在执行阶段开始之后，应该要求下属及时做好汇报工作

之所以不少企业的领导者没有将执行的监管监督到位，其原因往往在于他们没有要求下属做好汇报工作。这样，仅仅靠领导者对执行过程的了解，肯定无法深入执行的完全情况。而员工之所以没有做好汇报工作，很大原因也是因为领导者的责任。因此，在交代完执行任

务后，领导者应该向下属规定好汇报的内容、形式、频率等。这样，领导者能够清楚地随时掌握执行任务进展的情况，并进行相对应的监管，及时为下属提供建议和帮助，提醒他们对执行中的重要问题进行解决，从而提高监管的效率。

3. 为了将监管落到实处，在任务的执行过程中，领导者应该能够定期或者不定期地主动对下属追问执行的情况

这意味着加强对员工的主动监督，而并非在领导者想到监管时才去对员工进行影响。即使员工原本的工作状态已经不错，但由于领导者的追问，可以让员工意识到领导的监管力度和监管重点，这对提升监管效果也同样有很大帮助。

提升秘密

7

为制度进行“二次评估”

在企业管理的实践中，当企业领导开始对其规划出的执行计划和策略进行布置之后，他们就会面临如何对执行进程进行控制、评估从而确保执行效率提高的问题。同时，领导者也将面对在评估过程中对整体执行计划是否健全进行审视的需求，并充分衡量下属的执行业绩，从中看到他们是否已经将现有计划转化成为实际的执行行动。因此，领导者为了履行好自己的职责，会利用企业的沟通网络，获得必要的讯息，从而保证对执行过程进行充分评估。

但是，企业领导不应该忘记的是，**是否能做好对执行过程的评估，来自他们是否能够拥有一个合适的控制制度。**在理想情况下，企业的领导者必须要根据组织的执行目标、执行计划和策略，来设计制度。同时，这样的制度必须充分反映出下面的事实：企业在达成执行目标的过程中，已经采取了哪些具体的执行行动？执行的效率是否到位？执行目标的进度已经达成了多少。

事实上，在制度形成和公布之前，企业领导者通常都已经对制度进行过评估，但需要注意的是，单独对制度的作用进行评估是相当困难的，这是因为制度和执行的政策、执行的现状、执行的反馈之间，均有着密切的联系。而想要设计出运行良好的制度，就应该首先做好良好的规划、健全的管理，打造出明确的组织结构。并对企业的执行目标、策略规划设定出明确的标准，从而衡量评估执行效率，并结合这样的效率，对用来控制的制度进行二次的评估。通过这样的评估，领导者才能看清楚是否有必要对企业的制度进行改变或修正。

因此，尽管用来控制执行的制度和执行的其他因素，有着很密切的联系，但领导者为了了解制度是否能够起到应有作用，有必要对制度进行单独的分析。一个良好的制度，可以反映出执行的结构是否完整科学，并可以将执行的评判标准和员工的执行责任充分结合。

原则上，企业领导者在测试和评估制度的效率时，有必要考虑好下面这些问题：

（1）在制度中，是否已经包含了那些能够精确反映企业目标在执行中的达成效率的控制点环节？

（2）在制度中，有没有包含能反映出企业执行的整体目标、特定目标的方法？

（3）企业领导者是否能够通过制度所提供的方法，来对执行的具体管理人员进行迅速了解？

（4）制度是否已经包含了前瞻力量，能够让企业领导者迅速发现执行中那些失去控制的行动，并能够提供充分时间来帮助采取矫正的措施。

（5）制度是否已经具备了应有的弹性，能够让企业领导者在必要时间去对执行的规划、策略进行迅速改变或更换？

（6）制度除了能够发现计划的问题外，是否能够引起执行规划的必要提升和改变？

不妨看一看K公司是如何在执行过程中进行制度评估的。

K企业是一家具有长达三十多年历史的老牌企业，在发展和成长的过程中，已经形成了一系列的制度。在该企业重组之后，其中不少制度依然在对企业的执行发生影响和作用。然而，其中相当一部分制度已经不能适应目前竞争状态下的企业运作。

因此，在企业重组之后，企业已经制定和实行了一系列新的制度，例如组织管理的制度、人员管理的制度、薪酬绩效的制度等。在旧制度还有着影响，而新制度还没有完全确定的情况下，该企业的领导者在员工执行的过程中，对制度创新的效果首先进行了调查。调查结果是，员工认为实行新制度有必要的，占据了总体执行者的54%，认为对新制度无所谓的占据了31%，而认为没有必要的占据了15%。通过这样的调查，企业领导者发现，对新制度持有肯定态度的员工虽然占据较高比例，但是持有中立态度和反对态度的员工，其总体比例也较高，更有必要了解他们的想法和态度。

进一步调查和评估显示，该企业的制度需要进一步健全和规范。此后，K公司的领导结合执行项目的进度，提出了对制度的新修改方案，并最终确定了新制度的框架。

通过上述案例显示，一个组织或者团队现有的工作制度是否积极，并不应该完全根据企业领导者和制度设计者的构思来评价，而是应该在执行中予以正确地二次评估。其中，通过其员工对自身工作制度的满意度进行反映调查，是对制度的正确评估方式，测量员工个体在执行过程中，能否因为制度而产生积极的体验，能否获得需求上的满足，将能够帮助企业领导者完整地对制度做好评估。

下面是企业领导者对执行制度二次评估的重点方向。

1. 执行的制度是否能够满足员工期望执行成功的需要、是否能够满足和工作有关的物质设备的需要

企业领导者必须先从制度的基本功能来对制度如何影响执行进行二次评估。这是因为一个人之所以要参与工作，是为了获得自身的发展，而这样的发展，是和执行的成功密切联系。因此，如果员工个人对企业抱有期望、对制度抱有期望，就能意识到自身的价值，并产生满足感。而执行的物质设备是否齐全，也会对这样的制度产生应有的影响。因此，制度必须要提供对个体执行的充分保障，同时传达企业整体对员工的信任与支持。

2. 执行的相关制度，是否能够满足员工相互之间合作的需要

没有任何员工是能在现代企业的执行过程中依靠个人能力就取得成功的。因此，企业领导必须准确分析执行过程中相关制度是否可以将员工之间、部门之间的利益做到均衡分配、相互影响，并仔细观察和了解他们是否能在这样的制度下，更好地了解自己、了解工作岗位，

并了解其他员工和岗位。同时，制度是否能够帮助员工建立更加明确的大局观，也是对制度二次评估不应缺少的内容。

3. 对执行相关制度的评估，还应该着眼于制度和业绩之间的关联点上

如果企业领导者制定出制度之后，只是将之单纯地看做管理工具，而没有将制度的变化和业绩的变化进行联系，这样，在领导眼中，制度的价值就无法得到有效体现，更难以得到真正的评估。

为此，企业的领导者应该做好制度的调查，通过对基层员工、中层管理者的问卷、座谈、讨论等，了解他们对制度的看法，观察他们从制度中得到的启发和鼓励，并真正发现制度对业绩是如何起到有益促进的。这样，对制度的评估才能做到科学客观和全面完整。

提升秘密

8

帮助团队补“短板”

在不少企业中，开展和提高执行效率有关的集体活动正成为企业领导者的重要管理方法。这种活动是由相关部门的成员，分别组成小团队，然后自行讨论并决定团队执行项目的主题，并对考核结果的标准进行确定。这样，小团队根据其各自的项目目标进行共同努力，然后再由领导者考核其中每个员工的工作结果，不断改良每个人执行的方法。在这样的前提下，团队的执行工作，类似于集体的游戏一样，

变得和平时不同而更加有意思。不仅如此，这样的游戏，还能够对企业的业绩有更多贡献，并帮助团队补充其短板，提高团队中每个员工的能力。

之所以要选择这样的方法去帮助团队补充短板、提高能力，是因为企业领导者的工作任务需要让下属保持充分的工作激情。这种工作激情对于领导来说是非常必要的。同样，**利用这种工作激情来带动团队中能力不足员工的进步，才能让员工集体不断成长，开掘潜力，并帮助整个团队获得业绩的进步**。反之，如果企业领导者没有善始善终地对团队短板进行弥补，就会导致员工成长速度的减缓，甚至阻碍整个团队的进步。

观察现有企业的状况能够发现，团队中每个员工的成长，都是企业的责任。这是因为提高员工能力，无论对其个人还是整个团队都是有利的。例如，一些员工原本对自己的能力缺乏信心，因此当他们在团队中工作时，很容易产生放弃参与执行的念头，或者认为这项执行工作并不适合自己。这样，放弃就会成为他们的工作习惯，并导致这些员工在茫然不知的情况下成为团队的短板。而企业的领导者想要为执行团队克服短板，就要做到帮助这样的员工不断跨越障碍，让他们更好地进步和成长。

在某家企业的技术部门中，有一位工程师和项目主管的协作关系并不良好，前者的工作想法经常难以得到上司的肯定。因此，该工程师经常表现得积极性不高、难以鼓起工作热情。了解到这一点之后，公司高层决定进行改变。恰好，公司总经理了解到外地的分公司需要借调一位专业技术人员去帮助他们做好销售工作。于是，总经理经过深思熟虑，并和公司其他高层领导开会商议之后，决定派这位员工前去进行支援。在派出去之前，总经理向工程师交代说："你去外地分公司那边工作，既代表我们公司，也代表你个人能力，如何好好工作，你应该提前思考和规划好。"

一个月之后，外地分公司的领导汇报说，新来的这位工程师工作能力很不错，和大家合作得也很好。总经理将这个汇报结果和他原来的部门主管进行了交流，改变了部门主管对他的看法。当任务期间结束以后，这位工程师回到团队，部门主管对他另眼相看，而工程师自己也变得更加自信、更加愿意沟通。后来，整个技术部门的业绩都得到了提升。

这个案例中的总经理，注重对团队中短板的激励。他不仅专注于对整个团队执行力的提高，更能善始善终地从整体利益出发，改变团队中的局部，减少其中短板的负面作用，让短板逐渐增长，从而提高团队的整体工作实力。从中我们可以看到，正确对待影响团队集体发展的"短板"，对于提升团队执行效率，有至关重要的影响。

具体进行分析可以发现，影响团队执行力的薄弱环节，有可能是某个单独的团队成员，也有可能是团队目前缺乏的工作能力。因此，作为企业的领导者，必须保证企业中团队的每个成员都能得到竞争能力的均衡发展。而当团队中某个成员的能力有所缺乏，影响到整个团队执行力的发展时，就必须要及时进行弥补，避免对企业的执行效果带来未来的隐患。

具体来看，企业领导者应该从下面几个方向去入手，及时对影响团队执行力的短板进行改变和提升。

1. 想要改变团队的短板，企业领导者应该影响和利用团队的"长板"

这是因为在木桶原理中，决定木桶装水多少的是其中最短的木板。但如果换一种思考角度，我们可以发现，如果木桶能够斜置的情况下，最长的木板将扮演同样的角色。因此，团队领导者应该进一步提升和利用团队中优秀员工的工作能力，如果能够将这些优秀员工的工作能力充分利用起来，就可以集中他们的素质和特点，形成团队的鲜明特点。当然，让团队中的“长板”得到充分发挥，还能让这些优秀员工在团队中起到更加重要的带动作用，从而向“短板”员工进行充分展示和带动，并激活整个团队的活力。

2. 领导者应该抓住团队中最薄弱的环节，从而使得原来的短板迅速增值

这是因为，想要让木桶能够装下更多的水，需要加长短板，而对于整个团队执行力的建设来看，团队能够获得多大的执行效率，也并非只是来自于其中能力最优秀的成员，更包括其中那个能力最薄弱成员发生的影响。因此，在对团队成员进行管理的过程中，领导者不能只看到其中能力出色的成员，而看不到其中能力较弱的员工。反之，要做到对企业的团队从头到尾的训练和提高，从而完善团队的能力，提高团队的整体建设效果。当然，这种最薄弱的环节，也有可能并不是个别的团队成员，而是整个团队缺失的某种核心执行能力。作为企业的领导者，还应该全面观察团队的执行能力，确保其得到均衡发展。当其中某项执行能力有所缺失并阻碍执行效率提高时，就应该通过及时弥补提高、开展积极培训等方面进行弥补，避免因此对企业的发展带来打击。

3. 企业领导有必要通过减小团队内的隔阂、增加合作精神来做好对执行能力的提高

这是因为，一个木桶能够装多少水，不仅仅取决于每块木板的具

体长度，同时也取决于木板之间有怎样的紧密结合程度。如果木板之间存在的缝隙太大，就会造成长期的漏水并破坏装水的效率；同样，一个团队执行效率的高低，不仅来自每个员工的执行能力，同样来自他们是否有着员工和员工之间的团结协作能力。

为此，领导者应该培养团队成员之间相互协作的能力和精神，并时刻强调他们在团队内合作的良好态度，确保他们能够为了整个团队的目标努力奋斗。只有在尊重不同员工的个性基础上，才能让他们充分发挥每个人的优势。

总之，企业领导者要在对企业的建设过程中，对每个员工进行均衡地监管、指导和发展，这样，企业团队的执行效率才能从整体上提高，并带来更好地竞争效能。